産経NF文庫
ノンフィクション

新知見の戦国史

本郷和人

潮書房光人新社

文庫版のまえがき

何度かすでに言及したことですが、ぼくにとっては結構ショッキングなできごとだったので書かせて下さい。それは二〇二〇年に「人物叢書」の一冊として、吉川弘文館から『上杉謙信』が出版されたことでした。著者は愛知大学教授の山田邦明先生。ぼくが在籍する史料編纂所に勤務していた先輩なので、山田さん、とお呼びすることを許していただこうと思います。

吉川弘文館の「人物叢書」は、歴史的な人物の伝記を詳細に述べるもの。特徴としては、叙述するときに、確実な史料をもとにする、ということがあります。山田さんはこの原則を忠実に守っていて、『上杉謙信』は「人物叢書」を書く研究者のお手本のような一冊である、と評価できます。疑いようのない良書です。

ではそんな良書が研究者としてのぼくに、どんなショックを与えたのか。それは、誤解を怖れずに言うと、「面白くない」ことなのです。え、それはどういう意味なんだ。本郷は読んで「面白くない」ものを、素晴らしい本というのか。辻褄があわないではないか。はい、そういうふうに感じられるのももっともですね。

上杉謙信というと、戦の名人である。それから何より、「義の武将」として知られています。武田信玄や北条氏康が攻めてきて、本拠地から追われた戦国武将が彼を頼ってくると、こころよく力を貸す。城や領地を取り戻してあげるけれど、見返りは求めない。彼自身は越後一国で満足し、領土をむやみに拡大しない。ストイックに、室町幕府的な秩序の回復に努める。そんなイメージがあります。

ところが、山田さんの本を読んでみても、そうしたいわば「爽快な」「かっこいい」謙信像が出てこないのです。というのは、謙信が義の武将である、という評価がなされたのは、謙信が生きていた同時代のものではなく、時間が経過した江戸時代のことだから。本当に彼の行動を伝える、信頼できる一次史料には、謙信の「爽快な」「かっこいい」エピソードは探せないのです。

ここで断っておかねばならないのは、山田さんは本来、「面白く歴史を伝える名手、達人」である、ということです。ぼくは史料編纂所で、来所された研究者や一般の方に古文書の魅力をそれは臨場感たっぷりに、ユーモアを交えて説明する山田さんの姿を何度も見ています。博識だからこそ、素晴らしい説明ができる。とすれば多くの謙信のエピソードを山田さんが知らぬはずは、絶対にないのです。確実に信頼できる史料たけを厳選して、信頼できる謙信の姿を構築したい。そう考えたからこそ、山田さんは「敵に塩を送る」をはじめとする後世の創作を排除して、つまり面白さをあえて切り捨てて、等身大の謙信を描いてみせたのだと思います。

かつて司馬遼太郎さんは、謙信と信玄という世界でも五本の指に入る軍事の天才がたまたま隣接する地に生まれて戦っていたので、織田信長が運良く天下取りへと飛躍できた、という趣旨のことを書かれていました。何という本かは忘れてしまったのですが、「世界でも五指に数えられる」という評価はあまりに誇大にすぎるかなあ、と戦国物語が大好きだった本郷少年も思ったので、よくよく憶えています。

けれども、そうした「かっこいい」謙信の像は、リアルな歴史からは遠いものである。本来の歴史学の検証には耐えられない。もちろん、気付いてはいたのですが、山田邦明という尊敬すべき先達の仕事によってその事実を改めて突きつけられたため、ぼくはショックを受けた、ということなのです。

これはあくまでもアカデミズムの問題ですので、読者諸兄には直接には関係のないグチになるかもしれませんが、現在の歴史学、日本史学、もっと限定すると前近代史学は疲弊しています。国からの予算は削られ、大学内では隅に追いやられる一方です。交流のある、ある若手政治家に窮状を訴えたところ、直ちに「いや、自分たちでおカネを産み出す仕組みを作らないと、国は助けてあげられない」と返されました。おカネを産み出す仕組みといっても、歴史の探求はすぐには経済活動には結びつきませんので（少なくとも、現実的な思考に暗いぼくには、そんなアクロバティックな方法は思いつきません）、日本経済が厳しい時節柄、歴史学が痩せていくのはある意味、避けられないのかもしれない。

では、このままでいいのか。そう考えたときに、少なくともぼくは、否である、と考えました。ぼくは誰よりも歴史が好きです。だから歴史学が「勉強する価値のない学問」に堕するのは忍びない。ならばどうする、と考えを重ねたときに、可能な限り「歴史は面白いですよ、歴史を知ることはこんなに人生に役立つんですよ」と社会に伝達していこう、と思ったのです。そこでぼくは、需要のある限り、全国どこにでも歴史の話をしに行くし、「胡散臭いやつだ」と思われても、テレビなどに出ているわけです。

ただし、話をしたり、テレビに出たりするときには、どうしても話を膨らませなくてはなりません。それはウソをつく、ということとは違う。ある事象の解釈には二つの可能性がある。どちらも「間違い」ではなく、どちらも「あり得る」。こんなときは、より「面白い方」を選択する。そうしたことを積み重ねると、話が膨らんでいきます。

ぼくの師匠の石井進先生は、こういうときに「面白くなる方」を積極的に選ぶべし、とぼくたち学生に説いていました。でも、若いぼくはそれに反発しました。どちらも「あり得る」解釈でも、Aであるのは十のうち三、Bなら七というときには、少しでも可能性が高いBを取るべきだ。かりに「面白くな」ったとしても。それが学問の良心というものだ、と。

でも、いまぼくは「あのときは若かったなあ」と苦笑いしています。研究者を相手に研究論文を書くときはまた違った姿勢を取らざるを得ませんが、社会に向けて働きかけるとき、だれが「つまらない」話に耳を傾けてくれるのか。それはなるべく「面白い」ものでなくてはならないし、まずは聞いてもらわなければ、「なるほど、納得した」「いやそれは違うのではないか」という検討とか議論の段階に進めないわけです。

だからこそぼくは日ごろ、「史実」をもとに、論理を展開し、なるべく「面白く」

「興味深い」話にしよう。そう思って行動していました。山田さんの『上杉謙信』を読んだときに、改めてショックを受けた、というのは、そうした行動に疑問を突きつけられたような感じがしたからです。

でも翻って考えてみると、それがかりに創作だったとしても、江戸時代の人が「武田信玄を困らせようと隣国の大名たちが塩の供給を止めたとき、上杉謙信ならば、甲斐の領民が困るだろうと塩を送ったのではないか」と想像したことも、歴史の一部なのです。この話は「うん、そうだろうな」と人々の共感を得たので、その後もずっと語り継がれた。このことも同じく、歴史の一部です。となれば、それを含みこんだかたちで謙信という人物を考えることは「あり」ではないのか。

いや、この考えが正しいのかどうか、ぼくはいまだに答えを出せずに煩悶していいます。あるときは「ｙｅｓ」と思うけれど、あるときは「ｎｏ」と拒絶する、という自問自答をくり返しています。やはり歴史を伝える、という行為は一筋縄ではいかないな、と苦しみながら。

本書はそうした「史実」との対話を通じて書かれたものです。歴史の解釈が甘いとか、不適切である、という評価はあると思いますが、自身の歴史への向き合い方が真摯であることには、いささかの自負があります。読んでみて、ぼくの不安と自尊心とをくみ取っていただいた上で、面白く感じて下さればこれに過ぎる喜びはありません。
歴史は面白い、ということが伝われば、書き手としてはとてもとても幸せです。

令和五年十一月

本郷和人

合戦史の「定説」は本当か——はじめに

新元号「令和」の解釈で大炎上した本郷です。いやあ研究者の良心に忠実に、思うところを述べたのにあんなに叩かれるとは……。世渡りの知恵が足りませんね。猛省いたします。まあ、それはさておいて。

太平洋戦争に敗れた後、日本史という学問は大きく変わりました。ざっくり言えば、もっとも優勢だった皇国史観が否定され、忌み嫌われていた唯物史観が市民権を得た、ということになります。それにつれて研究対象の選択にも、戦前との差異が生じた。たとえば時代の推移に多大な影響を与えた「戦い」の考察は、政治史や経済史に比べると明らかに低調になった。つらく切ない敗戦の記憶、日本の戦争放棄、敗戦直後から長く「軍部＝悪」のレッテルが貼られたことなどが関係しているのでしょう。軍事史は一種のタブーになった時期があるのです。

日本の国をリードしてきた将軍権力を構成する要素とは、大づかみには「軍事と政治」です。でも大学の歴史教育において、各時代の政治のありようを教えてくれる講義はあまたあっても、軍事を科学的に検討するような授業は見ない。社会への発信もほとんどない。だからへんな理解がまかり通ることもある。

先日、ある歴史番組で脚本をチェックしてくれ、と頼まれました。長篠の戦い（一五七五年）をテーマにしていて、織田信長軍の鉄砲による攻撃がたいへんに効果的だったとある。そこまではいいのです。けれども、続けて、武田勝頼軍一万五千のうち一万人が戦死した、と説明する。番組制作のえらいさんが大の武田びいきで、甲州兵は最後まで勇敢に戦った、ということにしたかったらしい。

いや、ちょっと待ってくれと。「全体の三割が死傷すればその軍隊は全滅扱い」というのが軍事の常識という話はよく聞きます。この説については慎重な検証が必要としても、戦死一万人はいくらなんでも盛りすぎでしょう。そんなに兵隊（当時はイコール農民）がいなくなったら、武田領では明日からどうやって農業やるの？　食べていくの？　一五八二年の天目山の戦いを待たず、すぐに武田家は滅亡でしょ。こんなの、軍事史がまともに研究されてたら、まずあり得ないミスですよね。

ぼくは戦いの決め手は、ともかく兵力だと思っています。少なくとも戦国時代以降の合戦は政治であり、経済である。軍事が先！　と標榜《ひょうぼう》する国が日本の近くにありますが、それがどれだけいびつな姿を呈するか、ぼくたちはよく知ってますよね。戦国大名たちは戦うために国を豊かにし、兵力を増やし、装備を整え、食べさせる。せめてそれくらいのリアルがないと、軍事史の入り口にも到達しない。心を一つにして突っ込め、の精神論だけでは、敗北への一里塚になってしまいます。だけど、こう叙述してみると、かかる見解への反論を突きつけてくる事例が自然と思い浮かんでくる。「少数の兵が大軍をうち破った」戦い。代表はもちろん、桶狭間です。

織田信長と今川義元が戦った桶狭間の戦いは、いま学問的にはどういう説明がされているのかな？　そもそもさっき言ったようにちゃんとした論文なんかはほとんどないのですが、信長軍は二千ないし三千。今川義元の軍勢は二万五千くらい。かつては信長は激しい雨に紛れて奇襲をかけ、義元を討ち取ったといわれていた。でも『信長公記《しんちょうこうき》』をしっかり読むと、奇襲はウソ。信長は真っ正面から今川勢に攻撃をかけ、これを打ち破った、との見方が優勢です。

これがどうも、ぼくには納得できない。敵の大軍勢は十倍ですよ、十倍。シュワルツェ◯ッガーやラン◯ーじゃないんです。だれがそんな敵兵のど真ん中に突撃できますか。ぼくは絶対やだね。それで、ぼくは信長の兵力はもっと多い、一万人はいたはずだ。今川の兵力はずっと少ない。多くて一万五千くらいだろう。これならがっぷり四つで、どちらが勝ってもおかしくない、という仮説を出しました。例によって、だれも支持してくれてませんが（泣）。

いや、待て待て。そもそも兵力差は、どれくらいならひっくり返せるんだろう。それを検証してみるのが先じゃあないか。

本書はそうした疑問をもつことを大切にした読みものです。疑問をもって、考える。あたりまえだろ、では済まさない。とりあえず疑ってみる。そういう「面倒くさい」本です。楽しんでいただければ幸いです。

新知見の戦国史——目次

第3章 武将が「城を攻める」意外な理由

第4章　関ケ原と大坂の陣にみる「大名」の実像

第5章　信長・信玄たちの古戦場で見えること

第6章 家康の隠れた「遺産」

第7章　三成はなぜ「忖度」できなかったか

新知見の戦国史

第1章　戦いを決する「兵力」の謎

「風雲！大歴史実験」の衝撃

壇ノ浦の戦い、ご存じですよね？　源氏が平家に勝った船戦《ふないくさ》で、これによって平家一門は滅亡したのですね。なんだか、すごく恐る恐るお尋ねしているのには訳がありまして。かつてNHK大河ドラマ「平清盛」の時代考証をやっていたとき、ツイッターで「平家が壇ノ浦で滅んだときに」と書いたら、視聴者の方から「ネタバレはやめてください！」と激しく怒られたことがあるのです。ええ〜⁉　壇ノ浦、知らないの〜⁉　それ以来ちょっとしたトラウマになっているんです。

気を取り直しまして。壇ノ浦の戦いは元暦二（一一八五）年三月二十四日に長門国赤間関壇ノ浦（現在の山口県下関市）で行われました。中国・四国・北九州と、陸地の勢力圏すべてを失った平家軍は、最後に残った拠点である関門海峡の彦島から船を出しました。この船戦に勝って彦島を防衛できれば、運が開けるかもしれない。決死の覚悟で源氏軍に立ち向かったのです。不得意な船での戦いをものともせずに攻める源氏軍の大将は源義経。いよいよ平家の息の根を止めんと寄せてきます。

平家方は船五百艘《そう》。源氏方八百艘。戦いは正午ごろに始まり（異説あり）、はじめ平家方が優勢でしたが、次第に源氏方が押し戻し、勝利を決定的なものとします。平知盛をはじめとする平家の諸将は次々と海に身を投じ、二位尼（清盛未亡人）に抱かれた安徳天皇も入水《じゅすい》します。このとき三種の神器も海中に投じられ、神鏡と神璽《しんじ》は引き上げられましたが、宝剣は失われました。

さてここに「潮流説」というものがあります。戦いの勝敗を決したのは、関門海峡

◆ 最近話題の「源頼朝」像

誰もが知っている、源頼朝像の模写です（東京大学史料編纂所蔵）。そしてこれも誰もが知っていることですが、最近この像の主は源頼朝ではないのではないか、足利直義（ただよし・室町幕府初代の尊氏の弟）ではないか、という説が有力になっています。本当のところはどうなんでしょうね。ぼくは「統治のできる武士」である頼朝も足利直義も好きなので、このダンディーな中年が二人のうちのどちらでも納得なのですが。

の潮の流れの変化である、というのです。はじめ平家は潮の流れに乗って源氏を攻撃し、優勢に戦いを進めていた。ところが潮目が変わったことにより、今度は源氏が潮に乗って平家を打ち破った、というのです。この解釈をはじめて公にしたのは東京帝国大学教授の黒板勝美。料亭で「私は黒板だ」と揮毫《きごう》すれば飲み代がタダになった最後の大物歴史学者として有名な方で、提唱年次は大正三（一九一四）年です。

この潮流説は社会によく浸透し、たとえば木下順二の名作戯曲『子午線の祀《まつ》り』（河出書房新社）にも取り入れられています。でもよく考えてみると、同じ潮流に乗っている船の相対速度は変わらないんじゃないか。船でいまいちイメージできないなら、電車。電車に乗ったAとBが戦うとして、電車がどっち向きに走っているかはあんまり関係しそうにないでしょう？　そうすると、潮流は合戦には影響しない可能性がある（船舶史の石井謙治氏はこの考え方をとる）。

さて、どうなんだろう？　とみんなが考えたときに、だったら実験してみようじゃないか、と思い立った人がいました。それがMくん。ぼくの大学の日本史研究室の後輩で、テレビ番組を制作しています。彼は『風雲！大歴史実験』（ＮＨＫ　ＢＳプレミアム）という番組を立ち上げ、そこでこの潮流説を検証した。

具体的にはどうしたかというと、大学ボート部の皆さんの協力を仰いで「源氏チーム」「平家チーム」に分かれてもらった。それで、まずは「平家チーム」を流れに乗った順流、「源氏チーム」を流れに逆らう逆流に配置し、玉入れをした。それで勝負がつくと、今度は「源氏チーム」が順流、「平家チーム」が逆流でもう一勝負（すいません、記憶が曖昧で、細部の順番は間違っているかもしれません。ともかく二チームに分かれて、立場を入れ替えて、二回の玉入れ勝負をしたんですね）。

さて結果はどうなったか。なんと、なんと、たしか平家チームだったと思うのですが、同じ側が勝利しちゃった。つまり、潮の流れは船戦の勝敗に関係ないんじゃないの、ということですね。いや、もちろん、この結果が絶対ではありませんが、へー。これはいい企画だわ。

と思っていたら、それ以上に衝撃的な実験が、このほど行われたのです。なんだか番宣みたいになっておりますが、Mくんのすばらしいアイデアに免じて、お許しを。

さて、いったいどんな実験が行われたのでしょうか。おれなら、こんな実験してみるな、とか。これなら安全に検証できるな、とか。皆さん、想像してみてください。

桶狭間の信長「正面攻撃説」を実験

戦いにおける兵力差は、どれくらいならひっくり返せるか。

クイズにしましょう。どんな実験をすれば、兵力差についての良い参考例を導き出せるでしょうか？　当然、実験は安全なものでなくてはなりません。また、あんまりお金がかかるのもダメ。みなさんも考えてみてください！

もちろん、答えは複数あり得ます。そこで一例として、前項で紹介した『風雲！大歴史実験』はこんな感じでやりました、というのをリポートします。

まず、七十人の人間に風船の付いたヘルメットをかぶせ、スポンジ製の棒を持たせます。それで、二十人のAチームと五十人のBチームを編成します。Aチームには各自に通信機を装備させました。Bチームには通信機は使わせません。

AとBはそれぞれの陣営に分かれ、大将を決定します。Aの大将は通信機を使ってみんなに指示を出せます。Bの大将は自分の声で叫ぶだけ、です。その条件のもと、合図とともにスポンジ棒を振り回しながら、敵陣の大将をめざす。頭の上の風船を割られた人はそこでアウト。先に敵の大将の風船を割ったチームが勝利です。

さあ、これでどちらが勝ったでしょう？　まあAチームが勝利しそうだなあ、とは思っていて、実際にその通りになったのですが、びっくりしたのはそのスピードでした。きちんと大将から「右いけ、そこで突っ込め！」などの命令を受け取ったAチームのメンバーは、Bチームのみんなが右往左往している間に、あっという間にBチームの大将の風船を割ってしまった＝討ち取ってしまったのです。ちなみにもう一回やってみても、結果は同じ。Bチームのメンバーは、自分たちの大将がやられるのを、ただ茫然《ぼうぜん》と見てるだけ。有効な反撃はできませんでした。

◆信長〝後継者〟の母、徳寿院

この女性は織田信忠の妻であり、秀信（三法師、のち岐阜城主）を産んだ人。塩川長満の娘であるというが、よく分かっていない。仮に塩川氏だとすると、父の長満は織田家に服属した摂津の国人で、二万石くらいの小大名。本能寺の変の後は秀吉に仕えたが、ほどなく家は断絶したという（模本、東京大学史料編纂所蔵）。

　さて、そこで永禄三（一五六〇）年の桶狭間の戦いです。

織田勢は二千人。信長は鷲津や丸根の砦《とりで》を囮《おとり》として、今川勢にそこを攻めさせた。つまりそれなりの兵力がそっちに割かれている。松平元康のように大高城に向かった兵もいる。今川義元の本陣には五千人くらいしか残ってないのではないか。すると、ここに、二十人VS五十人の先の実験結果をあてはめることができる。織田勢が練度が高く、今川勢がぼーっとしていると、正面から織田勢が襲いかかったとして、今川義元の首は取れちゃうんですね。なるほどー。

いやいやいや。織田の兵は常に精鋭で、今川勢は格段に弱かった、なんてことは普通はない。同じ地域の大名なんだから、軍勢の編成原理が全く異なるはずはないのです。織田軍は兵農分離を行った後の「プロ戦闘員」で、今川軍は兵農分離以前の「半分農民兵」だった、とかの虫のよい想定は邪道です。

けれど、ここにもう一回、織田領の豊かさを介在させて考えるとどうか。太閤検地時の尾張の石高は六十万石くらい。信長は桶狭間の戦いの時点でその多くを領有していますので、むりやり徴集すれば八千人くらいの兵は集められるはず。それなのに、信長は二千とか三千の兵で決戦に臨んだ。

そこでもう一度『信長公記』を読むと、家臣たちは清洲城での籠城を主張したといいます。信長は籠城説には応とも否とも意見を言わずに彼らを帰らせた後、「人間五十年～」と敦盛を舞って、ごく少数で城から出撃した。すると次第に家臣たちが追いついて来て、結局二千とか三千とかになった、という説明がされています。

これは信長が、士気が高く、練度の高い兵だけを選抜した、と読めないでしょうか。彼は実験のAチームのような、いちいち指示しなくても信長の意思を的確に付度《そんたく》して動ける兵のみを戦場に連れて行った。兵の少なさを質の高さでカバーしようとしたのではないでしょうか。あれ、これだと織田兵は精鋭、ということに結局なっちゃうのかな。でもそこまで不自然な想定ではないと思います。いかがでしょう？

それにしても、この歴史実験はおもしろい。今度はどこかの体育会系のチームにお願いしたらどうでしょう。いつも一緒に汗を流している気心の知れた仲間たちなら、何倍の「寄せ集め」部隊に勝てるのか。通信機は使わないでやってみると、純粋に「質VS数」になります。おもしろいデータが取れると思いませんか？

史料の誇大兵数という難題

戦後の日本史学では軍事史が一種のタブーのようになっていて、研究が進んでいなかった、と書いたところ、いやそんなことはない、とお叱りを受けました。確かに月刊『歴史読本』などの雑誌において「関ケ原の戦いの真実」のごとき特集が絶え間なく組まれてきて、時に中身の濃い記事が書かれていたことは否定しません。でもそれをそのまま厳密な研究史と呼べるのか、というと、やはりちょっと違うんじゃないかな、と言わざるを得ません。これは学問研究とは何か、という大きな問題に行き当たるので、また場を改めて考えてみたいと思います。

それを踏まえた上で、もう一度強調させてください。戦場・戦術についての議論が学界の外で展開されていたことを認めたとしても、戦略レベルの、政治や経済と密接な連関を持つ軍事についてはやっぱり研究は進んでいない、ということなのです。たとえばそれを兵力の問題を例として考えてみましょう。

AとBとが戦ったとき、中世においては武器の質に決定的な差が生じる（たとえばAは少数精鋭を旨とし、Bの数倍の鉄砲をそろえている、など）ことはほぼ考えにくいので、兵力が多い方が優位に事を運べることが多い。このことは原理・原則として認めてよいと思うのです。戦いにおいて、兵の数は力である。だから領主は国を豊かにし、人口を増やし、食料を蓄え、交通路を整え、強い軍事力を構築しようと願います。戦いでは、兵の数はきわめて重要な要素であるわけです。

こんなあたりまえのことが、現状の歴史学ではなおざりにされています。たとえば

◆ 源平合戦の一方の主役、平清盛

明治十年に描かれた月岡芳年による浮世絵で、平清盛が沈む夕日を呼び戻しているところ（静岡県立中央図書館蔵）。伝説によると、これは永万元（一一六五）年に音戸（おんど）の瀬戸（広島県呉市）を開削した工事の際のエピソード。だから現地には烏帽子（えぼし）姿の清盛像が建てられているが、芳年の描く清盛はすでに出家している。

源平の戦い。治承四（一一八〇）年、伊豆で挙兵した源頼朝を討つため平清盛は追討軍を組織し、東に下しました。『平家物語』によると、その数は七万騎。これに対し源頼朝は関東の武士を結集し、駿河国に迎え撃ちます。『吾妻鏡』が記すその数は二十万騎。世に名高い「富士川の戦い」が始まるのですが、けっこう著名な歴史研究者が、この数字を無批判にそのまま使ってしまっているのです。

けれども冷静に考えてみたら、こういった数字が「あり得ない」のはすぐに分かるはずなのです。

（一）慶長五（一六〇〇）年の関ケ原に集結した東西両軍の軍勢が、十七万ほど。

（二）日本列島の人口は一一八〇年も一六〇〇年もさほど変わりはない（一千万から一千二百万人）。

（三）一一八〇年段階での政治力と一六〇〇年の大名権力とを比較すると、それは後者が格段に強大である。

以上、（一）（二）（三）を考慮していくと、七万、二十万などの数字は荒唐無稽というほかはありません。

ただここに、極めて面倒な問題が浮上してきます。歴史は科学である、実証が大切だ、必ず史料に依拠しなくてはならない。そうぼくはくどくくり返してきました。すると、他に数字が明記された良い史料（それは同時代の古文書や古い日記などです）がない以上は、やはり『平家物語』、『吾妻鏡』などの数字を使うべきじゃないか、という反論が成立してしまうのです。

うーん。ここはまさに自家撞着《どうちゃく》ですが、仕方がない。兵力についてはぼくはバランスを第一とし、史料（軍記物語など）をうのみにしない、という方法を取っています。そう、常日頃のぼくの姿勢とは矛盾するんですよね。だけどやむなく他のさまざまな史料を読みながら、「源平の合戦時は、三浦や千葉や畠山など、その国を代表するような武士は三百ほどの兵を養っている」と想定することにしています。

いや、この見解には確たる証拠がない。頼りとするのは、ぼくの「いろいろな史料を読んできた」という経験だけ、なのです。まことに実証的でないこと、はなはだしい。だからこそ、この場面で、しっかりとした方法論をともなった軍事史が必要になるのです。

とまあ、重く書いてしまいましたが、じゃあ兵力の割り出しは、直接の戦闘シーン以外に、どんなことを明らかにするのに使えるでしょうか？　考えてみてください。

川中島「一万三千VS二万」は多すぎ!?

戦国大名はさて、どれくらいの兵力を動員できたのでしょうか。米がたくさん取れるとは、それだけ多くの人を養えることに通じます。ですから、兵は石高に応じて集められるのが常。では、これくらいの領地では何人ほど、というような公式はあるのでしょうか。

豊臣秀吉の朝鮮出兵については、『武功夜話』の研究などで有名な三鬼《みき》清一郎氏(名古屋大学名誉教授)に論文があり、それによると朝鮮に最も近い九州の大名は領地百石あたり五人。中国・四国地方の大名は百石あたり四人、そのほかの地域の大名は百石あたり三人を引き連れて出陣しているようです。だから、それぞれ二十万石強を与えられていた加藤清正(北肥後)、小西行長(南肥後)は一万人もの部隊を率いて渡海しているのです。

これが司馬遼太郎さんの小説では、たしか四十万石で一万人、という公式が用いられていたように記憶しています。何という作品に書いてあったかは覚えていないのですが、これだと百石あたり二・五人になりますね。朝鮮出兵では兵役の重さに、大名たちは塗炭の苦しみを味わったといわれます。そうすると、司馬さんの公式の方が普通の兵の集め方に近いのでしょうか。

ちなみに、旧大日本帝国陸軍の参謀本部が編纂《へんさん》した『日本戦史　関原役』では不退転の覚悟で佐和山を出発したであろう石田三成（二十万石弱）が兵六千、宇喜多秀家が岡山五十八万石で兵一万七千。東軍の先鋒《せんぽう》・福島正則が二十万石で六千となっています。つまり、基本的には百石で三人と計算しているのでしょう。

◆川中島、両将一騎打ちの像

第四次川中島合戦で上杉謙信は武田信玄に斬りかかったという。写真は長野市にある両将一騎打ちの像。まあフィクションだろうが、それにしても、この姿はおかしい。兜（かぶと）をかぶっていないとはどういうことか。現代の自衛官のスタイルを思い出してほしいが、まず大事なのは頭を防御するヘルメットである。こんな格好で戦場に飛び出していったら、流れ矢に当たって即ご臨終である。名将謙信が知らぬはずはあるまい。

　こうした領地と兵数の関係を頭に置いて戦いの歴史を見てみると、時々、「これは誇大広告じゃないの、某機構に訴えるぞ」といいたくなるものがあります。たとえば有名な川中島の戦い。武田信玄と上杉謙信が戦ったものですが、その最も激しい戦いといわれた第四次、永禄四（一五六一）年のそれ。普通、上杉軍一万三千人、武田軍二万人といわれますよね。だけど、本当にこれだけの兵がいたのかどうか。

この時の上杉謙信の領地は越後一国です。上野《こうずけ》にもちょっかいを出していますが、これはすぐに敵方に寝返る土地で、兵集めはムリ。とすると、当時の越後国の石高が問題になるのですが、太閤検地時の同国が四十万石弱です。となると、百石で三人をあてはめても一万二千人。越後は細長い国で国境線が長いので、敵国に対する守備兵をそれなりに置いたら、一万人を割り込むんじゃないかな。この他の戦い（川中島以後も）では、謙信は八千人の兵を率いていたという描写が多くされますが、こちらが実数に近いのではないでしょうか。

武田信玄の領国は甲斐と信濃です。というか北信濃の領有権争いこそが川中島の戦いの本質ですから、北信濃四郡十万石は勘定に入れづらい。まあ、おまけしてその半分は武田領として計算すると、甲斐本国が二十万石。信濃が三十五万石。あわせて五十五万石。百石三人だと、一万六千五百人。いくら三国同盟締結中とはいえ、小田原の北条氏や駿河の今川氏に対してもそれなりに守備隊を残してくると、一万五千はとても動かせないでしょう、となります。

いや、もちろんここで朝鮮出兵・九州大名バージョンのように百石で五人集めたら上杉軍は二万人、武田軍は二万七千五百人となり、巷間《こうかん》いわれる一万三千VS二万は実現できます。だけど、どう考えてみても、豊臣政権と戦国大名の上杉氏・武田氏では権力の強さがまるで違う。百石五人なんていうムチャクチャは豊臣政権だからこそできたし、しかもその豊臣政権はこのあとさきを考えない派兵で人心を失って滅びてしまったわけですから、賢明な武田信玄や上杉謙信ならば、もっと穏当な兵集めをしていることと考えられます。

兵力の正確な割り出しは本当に難しい。戦う前に、普通は両軍ともに、自軍をより多勢に見せようとしてガセネタを流したことでしょう。それだけに、うーん、良質な史料も残らないんですね。軍事史をしっかり積み重ねていくと、いつか「これだ!」という分析方法が見つかるでしょうか。

謙信「車がかりの陣」は兵種別編成？

前項で、永禄四（一五六一）年の第四次川中島の戦いに言及しました。さて、その詳細に迫りますということで、戦いの様子をペペン！　調子よく講談調で書き進めていたら「あーっ！」なぜかパソコンが突然の再起動モードに入り、文章が消えてしまいました。ぼくの拙いスキルでは復元はムリ。もう一回書くのはしゃくだし、合戦の経緯の説明はなしでいきます。あまりにも有名な戦いですから、お許しを。

でね、武田家の軍師とされる山本勘助は果たして実在したのだろうかとか、そもそも日本に軍師なんてものはいたのかとか、啄木鳥《きつつき》の戦法ってなにそれおいしいのとか、上杉謙信の一騎がけって、いまさら平安時代の戦いじゃないんだから総大将が一人で突撃してどうするよとか、ツッコミどころは盛りだくさんなのですが、ここで問題にするのはそこじゃあない。ずばり、「車がかりの陣」です。上杉謙信は「車がかりの陣」をもって「鶴翼の陣」を布《し》いた武田信玄の軍勢に猛攻をかけた、とされていますが、これはいったい何だ？

いいですよねえ、必殺「車がかりの陣」！　なんか「聖剣エクスカリバー」とか

「名馬・絶影」的な響きがステキで、ぼくの中の中二心《ちゅうに》（思春期にありがちな〝かっこよさ〟への嗜好《しこう》）が目を覚まし「ヒャッハー」と暴れまわりそうになりますが、そこをぐっとこらえて冷静になってみると、どういう兵の運用なのかが実は全く分からない。これまでに納得のいく説明を読んだことがない。

こうなれば『風雲！大歴史実験』だ、ということで、番組で再現してみたんですよ、

◆上杉謙信と第四次川中島の戦い

上杉軍は妻女山に、武田軍は海津城に入ってにらみ合いが続く。そこで武田軍は兵力を二つに分け、別動隊が妻女山を攻撃し、あわてて下山した上杉勢を本隊がたたく、という作戦を立てる。ところが上杉謙信はこれを逆手に取り、別動隊の到着前に妻女山を下りて、武田信玄の本隊に決戦を挑むのであった。写真は新潟県上越市の春日山城跡にある謙信の像。

車がかりの陣。なんでも車なんだから、こう回転するイメージですよね。となれば、「一撃離脱」的な感じでの波状攻撃ではないだろうか。まずA隊が敵陣に一当てし、B隊が来るのを待って後ろに退く。B隊も同様に戦って、疲労が蓄積する前にC隊と交代する。これをずっと続けて一回転すると、リフレッシュしたA隊が再び攻撃を仕掛ける。

ダメ！　全然ダメ！　実際にやってみると、もう何というか、ぐだぐだの机上の空論。一当てしてさっと後退なんて、敵の攻撃に捕捉されてしまってできっこないんです。それにA隊、B隊、C隊と小分けにしているじゃないですか。少数の兵力が敵の大兵力に順次攻撃を仕掛けると、各個撃破されて終わり。これって、一番やっちゃいけない用兵ですよね。

これじゃない！　こんなのは断じて必殺「車がかりの陣」じゃない！　ということで、番組制作陣が着目したのが乃至《ないし》政彦という戦国史研究家の方の説です。乃至さんは車がかりとは「兵種別編成」のことである、と説いている。つまり、歩兵は歩兵だけで部隊を作る。他に槍《やり》隊、弓隊、鉄砲隊、騎馬隊など。それぞれの隊が、自分たちの特性を発揮して戦う。これが「車がかりの陣」である。戦国大名の軍勢は、槍も弓も馬も鉄砲もごちゃごちゃに混在していたから、すきっと整理されたこの「車がかり」は強力だったのでは、と考察しているのですね。

さて、では実験してみましょう。騎馬隊は再現できないけれど、Aグループは刀に槍に弓に鉄砲。これを兵種別にまとめる。Bグループは全部が混在。これでさあ、戦ってみる。すると——、おお！　兵種別の「車がかり」、強い。ものすごく強い。Bグループを瞬く間に壊滅させていきます！　これか。これがぼくが追い求めていた無敵の「車がかりの陣」の正体なのか。

いや、けれど、待てよ。ぼくは大事なことを忘れていました。上杉に兵種別「車がかり」があるのなら、武田家にだって「無敵の騎馬軍団」があったはず。なんで騎馬を中心とした陣構えには「車がかり」みたいなかっこいい名前が付かないのか。「車がかり」の名前が初めに出てくるのは『甲陽軍鑑』です。同書は武田家由来の史料ですから、上杉家だけに注目するのはおかしいといえばおかしな話なのですね。

ともあれ、兵種別の編成が戦いにおいて多大な威力を発揮することは分かりました。戦いに命を賭けていた戦国大名たちが、このことに気がついてないわけがありません。ではこの辺りのことをどう考えるべきなのか。そもそも武田騎馬隊は存在したのか、という問題もあわせて、次項で考えてみましょう。

戦国大名の部隊編成は「家」単位

最近年甲斐《がい》もなくライトノベルにはまってしまいまして。それでノリノリで新聞連載時の前項を書いたら、周囲から怒られました。なるべく重々しい文章を、まあぼくの力量で書けるわけはないんだけど、目指したいと思います。

それで「車がかりの陣」の話。戦国史研究者の乃至政彦さんは「車がかり」とは弓なら弓、槍なら槍をまとめて部隊を作る「兵種別」に編成した陣形ではないか、と推測しています。実際に実験してみると、この「兵種別編成」、ものすごく強い。刀・槍・弓・鉄砲が混在した部隊を一蹴してしまう攻撃力を発揮しました。けれども残念ながら、ぼくは乃至説には賛成できません。兵種別にしてしまったら、褒美が出せなくなるんじゃないか、と思うからです。

兵は何のために戦うか。国家権力が強大になった近代において、成年男子は徴兵されて出征した。多くの人々が国を愛し、故郷を愛し、大切な人たちを守るために戦ったのです。でも本音では戦場に行くなんて勘弁してくれよ、と思っていた人も少なくなかったはず。そんな人にも兵役を強制する力が、近代国家にはありました。

けれども古代や中世においては、戦をする主体の権力はさほど大きくない。我《われ》のためめに戦え、命を懸けろ、と一方的に命令するだけでは、人は動かない。家来の「奉公」を要求するためには、主人は「ご恩」、つまりはご褒美を出して報いねばなりません。この「ご恩」と「奉公」によって結ばれた関係こそが「主従制」であり、地域の武士を主従制のもとに包括する存在こそが戦国大名、全国の武士をまとめ上げるの

◇甲府駅のシンボル、武田信玄像

ＪＲ甲府駅前にある、上杉謙信と戦った武田信玄の像。同様の像は塩山(えんざん)駅前にもある。これらの像の元になっているのは高野山所蔵のかっぷくのいい武田信玄画像(長谷川等伯の写実的な傑作)である。ところがよく知られるように、近年、等伯が描いたこの人物は信玄ではないのでは？という疑義が浮上している。信玄をこよなく愛する山梨の皆さんはどうお考えなのだろうか？

が将軍＝天下人なのです。

この関係を前提にして考えてみましょう。上杉謙信は戦いが終わった後、配下の武士たちに褒美を提供しなくてはならない。褒美は戦功にしたがって定められるわけですが、その基本的なデータが軍忠状と呼ばれる書類です。「わが本郷家の兵力は十人で構成されており、誰それは肩に矢傷を負いました。誰それは左膝に槍傷を負いました。誰それは戦死しました」。このような報告を自分が所属する部隊の隊長などに報告し、それを検分した隊長が、間違いがないとなれば「承りおわんぬ」とか「一見しおわんぬ」と書き加えます。後日この軍忠状を提出し、褒美を受け取るわけです。

さて、たとえば上杉家中の本郷二郎兵衛が十人の配下を率いて参戦したとする。この数は軍役としてあらかじめ決まっています。上杉家のデータをぼくは知らないのですが、たとえば結城家では「五貫の耕地を持つ者は徒歩で侍に従え、十貫の耕地を持つ者は馬に乗って従え、十五貫の者は自身が侍として参陣せよ」とあり、北条家では七貫ごとに一人の兵を率いて来い、との命令がある。両者が同一の家であると仮定すると、本郷二郎兵衛は七十貫の土地（広さは十五町くらいか）を領有し、自身は馬に乗り、十人の配下を率いて侍として出陣していることになります。さらにこのとき、槍は何本（つまり槍兵）、弓は何張り（つまり弓兵）と事細かな規定がある。

もし上杉軍が兵種別編成を採用していたとすると、本郷家中をバラバラにしなくてはなりません。当主の二郎兵衛は家来と別れて騎馬隊に編入される。槍兵も弓兵も同様です。もしこういうことをしたら、さて、報酬はどうなるでしょう？　従来の軍忠状の形式では本郷家全体の褒美を算定することはできませんよね。本郷家の槍兵A、槍兵Bはこれだけの働きをし、弓兵Aと弓兵Bはこれだけ、雑兵Aはこれだけ、なんて細かく検分することが当時の戦国大名のような大ざっぱな権力にできるとは思えないし、実際にそれを記した文書は残されていません。つまり兵種別編成をやると、褒美が出せなくなる。

兵農分離が行われて、プロの武士ばかりで軍隊を編成したならば、この問題はそれなりに解決できるだろうとは思います。でも半分武士、半分（有力）農民、という人たちが兵役を担っているとなると、兵種別は不可能じゃないかな、と思わざるをえません。すなわち、「車がかり」＝兵種別編成説には賛成できないのです。

信玄・謙信の権力はどの程度だったか

歴史学は科学ですから、歴史の論考は実証的でないといけない。誰がやっても1＋2＝3、3＋4＝7となるのと同じく、信頼できる歴史資料（その代表が古文書と古記録）に基づいて論を構築したときに、根拠となる史料の読みが妥当であって、ムリのない立論がなされていれば、多くの人がその考察はリーズナブル（合理的）だ、と納得することができます。

そうはいっても、史料をきちんと読みさえすれば、それが立論の根拠になるとも限らない。たとえば鎌倉幕府草創期、源頼朝は伊勢神宮など既存の神社仏閣に対し、文書の上ではたいへんな崇敬を表明している。武士たちには先例に従って、きちんと年貢などを払わせます（「先例に任せてその沙汰を致せしむべし」）、と言明している。ところが実際は武士による年貢の未進（不払い）は年々ふくれあがっていく。これは頼朝がウソをついているのか、配下の武士がウソをついているのか、単なる不幸な事故なのか。ぼくは頼朝がウソをついていると思っていますが、ここは「眼光紙背に徹す」史料の文言の背後まで読むところで、研究者の力量が試されるのです。史料をよりよく「読む」ためには、バランス感覚が大事、ということでしょうか。

さて、西股総生《ふさお》さんの『戦国の軍隊』が文庫に収録されて読みやすくなりました(角川ソフィア文庫)。これはとても良い本です。どこがすぐれているかというと、まず実証の手続きがしっかりしている。後世の人の思い込みとか信頼性の乏しい読み物のたぐいを排除し、良い史料に基づいてごく素直に考察を行っている。だから十分な説得力がある。もう一つ、実に真摯《しんし》に検討が重ねられている点が立派です。他者の説に耳を傾け、敬意をもってその有効性を検討する。自分の説と異なる意見も重んじ、比較・検討の手続きを粛々と進めて

◆ 信玄没後の武田家

武田勝頼(一五四六～八二年)は信玄の四男で、兄の義信が廃嫡後に、急遽(きゅうきょ)信玄の後継者となった。武田家は結局は彼の代で滅びるが、たとえば結果的に家を保った上杉景勝と比べて勝頼の力量がたいへんに劣っていた、と考える人はいないだろう。戦国の世はとても厳しく、時に個人の力ではどうにもならないこともあった。写真は山梨県甲州市、武田氏終焉の地である天目山近郊の甲斐大和駅頭に建つ勝頼の像。

いく。実に見習うべき研究姿勢といえましょう。

ところが、ぼくにとっては、困ったことがあります。それは前々項から問題にしている「兵種別編成」。川中島合戦（第四次）における上杉謙信の軍勢に「兵種別編成」が採用されていたとは思えない。ぼくは前項でそう書きました。もう一度説明しますと、槍《やり》を持つ者だけを集めて「槍隊」を作る。鉄砲の火力を一つにまとめて「鉄砲隊」を作る。騎馬武者も集めて「騎馬隊」を編成する。これが「兵種別編成」で、こうすると軍隊は、ただの寄せ集めに比べて格段に強力な攻撃力をもつのです。

同書の考察によるならば「どうやら東国の戦国大名の場合、永禄の初め頃（一五五〇年代末）には兵種別編成方式が成立していた可能性が高い、と言えそうだ」（同書一四八ページ）、とあります。つまり永禄四（一五六一）年の最も激しい戦いとなった第四次川中島合戦において、武田軍も上杉軍もすでに「兵種別編成」を取り入れていた、というのが西股さんの解釈なのです。

さあ、困った。「兵種別編成はなかった」説のぼくは、当然、批判をしなくてはなりません。このときもちろん、ひとつひとつの歴史資料に当たることが大事なのですが、本書は歴史論文ではありませんので、もっとざっくりと。先に記したバランス感覚を活用してみましょう。全体の「論理」というか「理屈」の整合性を重視して考えてみるのです。

上杉軍や武田軍は、土地に根を張る中小の武士を集めて構成されています。「兵種別編成」を行うには、彼らが戦場に連れてくる小部隊（騎兵も鉄砲兵も弓兵も混在）をいったんバラバラにしなくてはなりません。これは戦国大名の権力が相当に強くなくてはできない（A）ことです。西股説であれば、永禄年間ごろ、戦国大名は国内の武士たちに対して、圧倒的な権力を有していた（B）ということになります。

となると、西股説に理屈を重視して反論しようとするならば、（B）を再考することが効果的です。戦国大名は本当に強い権限を持っていたのだろうか？と。あるいは反論の前提となっている（A）の再検討もアリ、かもしれません。そのあたりのことは、具体的には次項！

武田家の地滑り的崩壊が示すもの

さて前項の続きを。先述したように、西股総生さんの『戦国の軍隊』はとても良い本です。味読に値します。まずはお勧めしておきます。それで、そこには例の川中島の大激戦の頃には、東国の戦国大名はすでに「兵種別編成」を導入していた、とあります。この説の妥当性を検討してみよう、というのが本項のテーマです。

率直に言って、ぼくはこの説に賛成できません。このとき、本来は一つ一つの歴史資料にあたって反論すべきですが、それは学術論文の役割。本書では、そうしたミクロの視点ではなく、もっと大まかなマクロの視点に立って考えてみたい。このマクロの視点は研究者でなくても（＝原史料が読めなくても）歴史の議論を展開できる方法なんですが、けっこう有効なんですよ。たとえば、織田信長は「ごく普通の」戦国大名だったと力説する研究者が増えていますが、ではなぜ信長だけが天下統一に向けて邁進《まいしん》できたのか、と反論するがごときものです。おそらく今のところ、満足に答えられる「信長はふつうの戦国大名」論者はいないんじゃないかな。

まあ信長はさておいて。もしも鉄砲は鉄砲、槍は槍、騎兵は騎兵といった「兵種別編成」が実現しているとすると、A、「兵種別編成」は、戦国大名の領内のそれぞれの領主が引率してきた小部隊をいったんバラバラにする必要がある。B、それができるとなると、戦国大名は相当に強力な権力を構築していると考えられる。

ぼくには、Aに関しての議論をする能力がありません。以前に書いたように、戦国大名は戦いに参加した報酬を小領主たちに支払う必要がある。すると、小領主の小部隊はバラせないはず。けれど、何らかの工夫があって、小部隊をバラしても文句の出ないような恩賞授与のシステムができているとしたら、ぼくの疑念は全て雲散霧消。以下の議論は意味がなくなります。ぼくは今のところ、そうしたシステムは「ない」、と思っている。でも、もしそれがあるとすれば、この議論はその時点で勝負あり。ぼくの完敗です。

今はとりあえず「ない」としますね。するとBが問題になる。学界の定説はどうかというと、戦国大名は領内の小領主を完全に屈服させるだけの力は「なかった」、ということになっている。大名たちが小領主を完全に家臣として従えて、先祖代々の土地からも切り離して城下町に移住させる。いわば「武士のサラリーマン化」を進められたのは織田・豊臣・徳川といった強大な中央政権の支援を受けてから、と考えられている。

この定説とBは、完全に食い違う。どちらが正しいのか。ぼくには定説の方がしっくりくるのです。その理由は？　ここでマクロの視点の出番です。

天正十（一五八二）年、武田家は滅亡します。信濃のかたすみの木曽氏が離反し、織田家に寝返った。そこで信長は嫡男の信忠を総大将として、大軍で武田家を攻めた。すると、武田家の家臣たちは次々と寝返っていった。戦国一の武勇と謳《うた》われた武田家は、地滑り的に崩壊し、まともに戦うこともできぬまま滅亡したのです。もしも小領主たちを武田家ががっちりと抱え込んでいたら、こんな事態はあり得たでしょうか？　領主たちはいまだ武田家に対し、相対的な自立性を保っていたように、ぼくには思えるのです。

上杉家の場合は何といっても御館《おたて》の乱です。天正六（一五七八）年、上杉謙信が急死すると、養子の景勝《かげかつ》（謙信の姉の子）と景虎《かげとら》（実父は北条氏康）が跡目を争い、国を真っ二つに割って争いました。これもね、もし謙信がちゃんと領主たちを統制できていたら、多少の混乱の時期はあったかもしれないけれど、じゃあ景勝殿でいこう、とか景虎殿で、と後継の一本化が早めにできたんじゃないか。優勢な謙信の直轄軍みたいなものが成立していたら、争いは一年も続かなかったのではないか。さらにいうと、このあと新発田《しばた》重家が反乱を起こしますが、いかに有力だったとはいえ、越後国内の一領主の鎮圧に、上杉景勝は五年も費やしているのです。これってやっぱり、戦国大名・上杉家の権力の弱さじゃないかと思うのですが。さて、「兵種別編成」の早期実現を説く方は、これらを何と説明するのでしょうか。

第2章　秀吉の天下取りと「行軍力」

大坂の陣と後藤又兵衛の最期

二〇一六年十一月十八日付の産経新聞が報じるところによると、大坂の陣で奮戦した後藤又兵衛の最期の様子を詳細に報告する、新しい史料が見つかったそうです。史料の発見者は岡山県立博物館。又兵衛の配下として戦った金万《こんま》平右衛門という武士の子孫が所有していた「一、後藤又兵衛討死之時」と書き出すメモ書きを解読したところ、腰に銃撃を受けて瀕死《ひんし》の重傷を負った又兵衛は、部下に命じて、秀頼から拝領した行光の短刀で首を打たせたことがわかりました。ちなみに行光は、名刀の代名詞である、あの正宗の父と伝えられる名工です。

又兵衛の最期について、『難波戦記』シリーズは、腰を撃たれ歩行不能になったために部下に命じて首を打たせた、という。一方で『武功雑記』は、松平忠明（家康の長女・亀姫の子）配下の山田十郎兵衛という武士が又兵衛を討ち取ったとしている。『難波戦記』シリーズは、庶民に大好評を博した講談のタネ本です。『武功雑記』は肥前・平戸藩の四代藩主、松浦鎮信《まつらしげのぶ》が記した伝記で、元禄九（一六九六）年に成立している。史料的には後者の方が信頼できそうな気がしていたのですが、なんと実は、前者が正しいことが今回の発見で判明したわけですね。

後藤又兵衛は永禄三（一五六〇）年、播磨に生まれました。諱《いみな》は基次といいます。え？　姓が後藤で、名前に「基」の字がついて、播磨の武士だって？　じゃあ……、という具合に、中世史研究者であるぼくの想像は膨らんでいきます。源頼朝に仕えて播磨の守護に任じられた後藤基清という有名な武士がいたからです。

基清は京都で活躍していた、学術用語でいう「京武者」の典型。武芸に秀でるだけでなく、教養があって貴人ときちんとお話ができ、歌の一つもスラスラと詠みこなす。字も書けないような関東の荒くれ武士とは違いま

◆黒田長政と春屋宗園《しゅんおくそうえん》

春屋（一五二九～一六一一年）は臨済宗の僧で、大徳寺の住持（じゅうじ）。有名な沢庵禅師の師。石田三成と親交があり、彼の遺体を自分の塔頭（たっちゅう）である大徳寺三玄院に葬った。また黒田如水・長政父子とも親しく、長政が大宰府から福岡に崇福寺を移した（黒田家の菩提（ぼだい）寺となる）とき、再開山を務めた（模本、東京大学史料編纂所蔵）。

す。彼は幕府で重用されたのですが、結局は承久三（一二二一）年、朝廷と幕府が戦った承久の乱で後鳥羽上皇のもとにはせ参じ（学のない関東武士がイヤだったのかな）、敗戦後に処刑されました。ただし、基清の嫡男の基綱は幕府方に属していて、後藤の家は無事、存続します。「犬伏の別れ」は、もうこの頃からあったのですね。

後藤氏の活躍の場はやはり京都。六波羅探題《ろくはらたんだい》に出仕して繁栄していきます。

播磨・後藤氏の一流は、室町時代には、同国の守護である赤松家に仕えたと言います。又兵衛はその血筋なのでしょう。彼は播磨国で台頭してきた黒田官兵衛に仕えた。官兵衛が荒木村重によって幽閉された際にはいっとき黒田家を離れ、名作コミック『センゴク』の主人公、仙石秀久の家臣になっています。その後、黒田家に帰参してから獅子奮迅の活躍を見せ、栗山善助の部下百石取りというところから立身し、関ケ原の戦いの後には一万石以上を取る重臣に。福岡県のほぼ中央、嘉麻市中益にあった益富城（大隈城とも）を任されました。さしずめ「大手企業クロダ」の専務取締役、というところ。大出世です。

でも、ご存じのように、又兵衛は二代目社長である黒田長政とあわなかった。創業者たる官兵衛が没した二年後の慶長十一（一六〇六）年、黒田家を出奔。浪人します。細川忠興、福島正則、前田利長ら錚々《そうそう》たる大名が「ぜひウチに来てくれ」と誘いますが、長政が「奉公構《ほうこうかまえ》」を出しちゃった。こいつを雇用しないでください、というアレです。それでやむなく浪人を続け、大坂城に入城することになるのですね。

ぼくの師の石井進は名著『中世武士団』（講談社学術文庫）の冒頭で、又兵衛を主人公とする大佛《おさらぎ》次郎の小説『乞食大将』（いま徳間文庫で読めます）を取り上げます。組織や権力に背を向けて、自由に生きる又兵衛像を創り出した（執筆は敗戦前に始まっており、国民生活を締め付ける軍部への批判にもなっている）大佛。それに共感して、中央とは関係なく、土地に根ざして生きる中世武士を描いた石井。ともに素晴らしい仕事です。

さて次項では、又兵衛の最後の戦い、道明寺の戦いを取り上げます。戦いの説明はすぐ終わってしまいます。それをどういう方面へ展開するか、想像してください。

古文書精査で報道との相違点が……

すいません！　最近、あやまってばかりいるようだけれど、もう一度。ごめんなさい！

何のことかというとですね、前項の後藤又兵衛の最期を伝える古文書です。ぼくは現物を確認することをしないで、各紙の報道を参考に前項を書いたのです。まあ、さすがに誤りはないだろう、と。……甘かった。古文書の写真を入手して読んでみたら、「ええっ！」。各紙の報道と異なることが出てきたんですね。

というわけで、まずは古文書を読み下します。脇指し、脇差し、のように字が異なるのは、原文書に忠実に書いているためです。

一、後藤又兵衛討ち死の時、秀頼公より拝領の脇指し――行光――、是《これ》にて又兵衛首を討ち、秀頼公御前にて、かくの如く討ち死つかまつる次第申し上げ候へ、と申し候、長四郎と申す児姓《こしょう》に脇指し相渡し、申され候、長四郎脇指し請け取り候へども、又兵衛印《しるし》（首級のあて字だろう）をあげ候義《そうろうぎ》は罷《まか》りならず、脇差しばかり、秀頼公へ差し上げ申し候事、

一、脇におり候小性、是は又兵衛指物《さしもの》のくり半月の片分れを、又兵衛討ち死つかまつり候証拠に、秀頼公へ差し上げ申し候事、
一、平右衛門義は右両人之者仕廻し候後に、其場へ参着申し候事、

これを、なるべくそのまま訳してみると、こうなります。

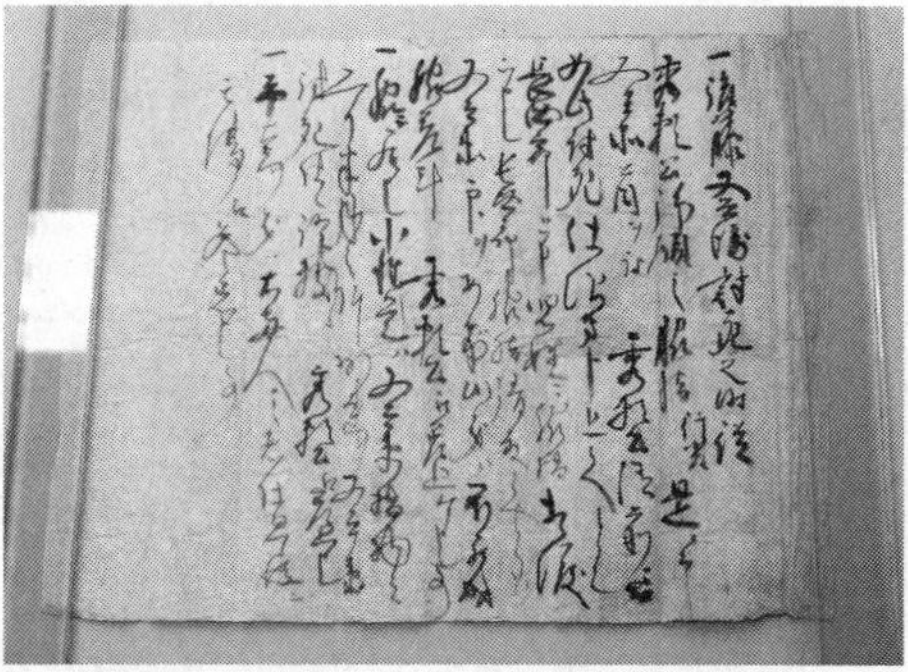

◆ 後藤又兵衛の最期を示す新史料

豊臣方「五人衆」の一人、後藤又兵衛が慶長二十(一六一五)年の大坂夏の陣で討ち死にした際の状況を示した書き付けとして、岡山県立博物館が二〇一六年十一月十七日に発表した史料。又兵衛の下で戦い、秀頼に又兵衛の討ち死にを報告したとみられる金万平右衛門の子孫宅(京都府)で見つかったという。書き付けは縦二七・四センチ、横三五センチ。

一、後藤又兵衛は討ち死に際して、「秀頼公より頂戴した行光の脇差し、これで私の首を討ち、秀頼公の御前にて『又兵衛はこれこれこのように討ち死いたしました』と申し上げてくれ」と言った。長四郎という小姓に脇差しを渡し、言われたのだ。長四郎は脇差しを受け取ったのだが、又兵衛の首を切ることはできなかった。脇差しだけを秀頼公へ差し上げたのだった。

一、脇にいた小姓は又兵衛の指物

の「刳《く》り半月」の片割れを、又兵衛討ち死の証拠として秀頼公へ差し上げた。
一、平右衛門は両人（長四郎と脇にいた小姓）が行動した後に、その場に到着した。
この史料には、又兵衛がどうして瀕死《ひんし》の重傷を負ったかとか、どこに傷を受けたかとかは書いてない。そこをまずは確認しておきましょう。彼は苦しい息の下、行光でわが首を打て。秀頼様に又兵衛はこのように討ち死にしたと報告せよ、と言った。ところが小姓の長四郎はおじけづいてしまったのか、又兵衛の首が打てなかった。それで、行光の脇差しだけを秀頼のもとに持参した。

ということは、です。又兵衛の首はどこへ行ったか。これが問題です。又兵衛の願いは、明記されていないけれど、わが首を秀頼公のもとへ持参せよ、だったはずですよね。だけど、二人の小姓は脇差しと損傷した旗指物を又兵衛が戦死した証拠品として提出した、とありますので、首級は大坂城には運び込まれていない、と考えるべきだと思います。

戦死する武将は、わが首を敵に渡すな、と家臣に命じる。それが戦場のならい。そうすると、長四郎ではなくても、周囲に誰かいれば、首を落とすはず。それができなかったということは、又兵衛が息を引き取るときには、経験値が足りない小姓二人の他には武士がいなかった、と想定すべきでしょうか。そしてそこに金万《こんま》平右衛門がやってきた。とすると、平右衛門の役割は又兵衛の首を切ること。それからどこかに埋葬して隠匿すること。そう推定するのがもっとも妥当だと考えられます。

次なる問題は、平右衛門がやってきたとき、二人の小姓がいたか、すでに立ち去っていたか、です。もしいたのなら、話を聞いた平右衛門は又兵衛の望み通り、行光で首を切り、大坂城に持ち帰ったのではないか。でも、彼はそうしてないようですから、小姓たちはすでにいなかったんじゃないか。又兵衛の遺骸だけがそこにあった。それで、先述のような始末をつけて（つまり、又兵衛の首を切ったのは行光ではない）、平右衛門は帰城した。そこで又兵衛の死を報告した後に、直接長四郎に会ったか、間接的かは分からないけれど、事の顛末を聞き知ったのではないでしょうか。

軍隊を早く動かすのは難しい

後藤又兵衛の討ち死にの様子を二回にわたって書きましたが、これは慶長二十（一六一五）年の五月六日、大坂落城の二日前の道明寺の戦いでのことです。夏の陣では外堀を埋められたため、大坂方は城外で戦わざるを得なかった。幕府の大軍は河内方面と大和方面から迫ってきます。

このうち大和方面軍は水野勝成を先鋒《せんぽう》とし、家康の六男の松平忠輝、忠輝の舅《しゅうと》の伊達政宗、本多忠勝の嫡男の忠政など総勢三万四千あまり。その軍勢が河内平野に入ってくるところを、狭隘《きょうあい》な地で待ち受け、たたこうとした。それが道明寺の戦いです。

大坂方の武将はというと、先鋒として後藤又兵衛、後詰めが毛利勝永や真田幸村など。兵力は一万八千と言われています。彼らは五日に河内の平野に集結し、同日の夜にその地を次々に出発。次の日の明け方、道明寺に再び集結して、幕府軍を迎え撃つ手はずでした。ところが、又兵衛が兵三千を率いて道明寺に到着してみたら、味方がまったくいない。一方で幕府軍はもう到着している。

そのために、後藤隊は幕府軍の袋だたきにあったのですね。又兵衛は味方が来るのを待ちながら奮戦しましたが、結局は多勢に無勢。伊達勢の銃撃により又兵衛は被弾して重傷を負い、戦死したのです。

戦いが始まったのが午前四時頃で、又兵衛が戦死して後藤隊が崩れたのが正午頃、といいます。彼は八時間もの間、粘り強く戦ったのです。でも、結局援軍は現れませんでした。

◆ 秀吉「中国大返し」の謎

彼がどうやって中国大返しを成功させたか、史料は何も語ってくれません。ここは結果から、彼が取った手段を推測してよい場面だと思います。まず姫路城に蓄えてあった金銀や物資の放出。戦いに勝ったときのさらなる褒美の約束。信長の敵討ちという大義名分の強調。うーん、他に何か思いつきますか？（模本、東京大学史料編纂所蔵）

彼の死と前後して大坂方はやっと戦場に到着したのですが、「大軍を有利な地で待ち受けてたたく」という戦略はすでに破綻していたので、真田隊をしんがりとして退却していきました。幸村が〝無双〟して、「関東勢百万と候え、男はひとりもなく候」（「関東武者は百万いても、本当の男子は一人もいないものだな」）と嘲笑したのはこの時のことです。作戦自体が失敗しているのだから、大きなことは言えないような気もしますが。

さて、ここで問題となるのは、なぜ後藤隊だけが突出したか、です。普通は霧が濃かったために真田以下は様子見をしていた、と説明されます。ここが死に場所、と定めた又兵衛が他の諸将に、わざと遅れてきてくれ、と頼んだという小説もありました。でも、よく考えてみると、「この時間に、この場所に集合」ということを守るのが軍隊の鉄則というか、指揮の第一なんですね。だから、どんな天候であれ、約束した行軍ができなかったということは真田以下は減点、それに比べて後藤は合格、と評価できるかもしれません。

「歩兵は歩くのが商売」という言葉もあるそうです。道明寺の戦いの豊臣軍とは逆に、みごとに軍勢を動かして勝利を得た、という事例があります。その代表こそが羽柴秀吉の中国大返しです。信長の横死を知った秀吉は、備中高松城から十日で二〇〇キロを移動し、明智光秀と天王山で戦って勝利しました。重いヨロイを着た二万人が行軍をやり遂げたのですから、ものすごいことです。戦いが生活の糧になっている武士はまだわかりますが、数の上では圧倒的に多い足軽身分の人たちが、よく逃げ出さなかったものです。

近代の軍隊でも、行軍は一日二〇キロ程度が限度のようです。他の事例としては、大坂冬の陣を起こすとき、徳川秀忠が江戸から京都まで、一日二七キロという猛スピードで進軍しました。ただし、落ちこぼれが出た。関ケ原の決戦に間に合わなかった、ということがトラウマになっていて、秀忠はこんな無茶をしたのかもしれません。でも、軍勢全体を整然と動かせなかったために、彼はまた家康に怒られたそうです。

行軍は難しい。家康は戦いを肌身で知っているけれども、秀忠は実戦経験がないわけですから、何万もの軍勢を動かせと急に言われても、ムリなのです。そういう意味では、又兵衛はよくやったし、翌日の天王寺の戦いで部隊を一つにまとめて家康の本陣に攻撃をかけた幸村もすごかったのです。

さて、次項では秀吉と行軍の話をしましょう。秀吉は軍を高速で移動させて勝利をつかむのが得意でしたが、失敗した例があります。それはいったい何の戦いだったでしょうか。

五〇キロを五時間で走破した秀吉軍

歩兵は歩くのが商売。でも、さあこれから戦うぞという戦場に到着したら、敵の監視の目がありますので、うかつにうろつき回るわけにはいきません。そこで今度、歩兵は土木作業者に早変わり。火力が激烈になった近代だったら塹壕《ざんごう》を掘るところでしょうが、戦国時代はそこまではいかない。土を削って即席の堀を造り、削った土を積み上げて防塁を造り、自分たちの身を守るための陣地造りを始めるのです。

鎌倉時代の中ごろ、海の向こうからやってくるモンゴル兵に対して鎌倉武士は石を積んで防塁を築きました。今その一部が復元されていますが、高さは人の身長くらい。これといった工夫があるわけでもない。え、こんなんで大丈夫だったの、と驚くほどシンプルなもの。これに比べると、戦国時代の戦場でのいわゆる「野戦築城」は、手がこんでいる。悲しい現実ではありますが、戦争は間違いなく、技術の進歩に一役買っているのですね。

みごとな野戦築城の実例が、賤ケ岳古戦場（現在の滋賀県長浜市）です。天下人を目指す羽柴秀吉は五万の兵を率いて天正十一（一五八三）年三月、織田家第一の家老・柴田勝家の三万の軍勢と対峙《たいじ》しました。両者はにらみ合いながら、各部隊ごとに陣地を構え、それぞれの防塁を築いていった。こうなると、なかなか攻撃に出られない。城を攻めるときには守り手の三倍の兵力が必要、というわけで、即席の防御陣地とはいえ「守る」側が圧倒的に有利なのです。

先に動いたのは秀吉でした。彼は四月十七日、いったん戦場を離脱して美濃の大垣

◆ 秀吉と勝家と前田利家

前田利家と秀吉は古くから仲が良く、両家は妻のまつとおねも交えての家族ぐるみのつきあいだったといわれる。賤ケ岳の戦いの時、利家は勝家の配下として能登二十万石を領していたが、戦いの途中で戦線を離脱し、秀吉に下った。その際に勝家は前田家からの人質を返還し、「秀吉とうまくやれ」と伝言したという。さすが、お市が惚(ほ)れる男だったのですね(模本、東京大学史料編纂所蔵)。

城に入り、岐阜城にいた織田信孝を牽制《けんせい》します。信孝は名前だけかもしれませんが、柴田陣営の盟主ですね。信長の三男。これに先立つ清洲会議（前年の六月二十七日）では織田家の後継者になりそこねたものの、美濃の領有を認められていたのです。

四月十九日、柴田軍の佐久間盛政（勝家の甥《おい》。当時、加賀半国の二十万石くらいを領有）は秀吉本隊の不在を察知し、留守部隊に猛攻を開始。中川清秀（摂津・茨木城主）を討ち取り、いくつかの陣所を陥落させました。この時点で勝家は、盛政に戦略的な後退を命じました。もう一度、守りを固め直して、兵力の上で優勢な秀吉軍に備えようとしたのでしょう。ところが勝ちに乗じる盛政は、命令を聞かなかった。

これにガブリとかみついたのが、美濃に行っていたはずの秀吉でした。二十日に大垣で戦闘の開始を聞いた秀吉は直ちに本隊をとって返し、進出してきていた佐久間隊につけ込むようにして反攻を加えたのです。二十一日のことです。羽柴陣営に与《くみ》する丹羽長秀の活躍とか、柴田陣営にいた前田利家の離脱とか、他の要素も相まって佐久間隊は潰走。その動きは柴田陣営全体に波及し、柴田軍は潰走しました。勝家が妻のお市の方とともに越前・北ノ庄城で自害したのは、その三日後でした。

カギはここでも、秀吉の「行軍の手腕」だったと思います。大垣から賤ケ岳までの約五〇キロをなんと五時間で走破したとされます。時速一〇キロ。ものすごいスピードです。ちょっと考えられませんよね。大垣発が四月二十日午後二時で、佐久間隊への攻撃が翌日未明ですから、実際にはもう少し時間がかかったのかもしれませんが。でも、動いて、動いて、勝機をつかむ、という手法は、中国大返しの時と同じです。明智光秀に勝利したことで、秀吉は自信をもったのかもしれません。

前項のぼくのクイズは、「秀吉は軍を高速で移動させて勝利をつかむのが得意でしたが、失敗した例があります。それはいったい何の戦いでしょうか」でした。え？賤ケ岳の戦いは成功しているから、答えになってないよ。その通りです。答えを言ってしまうとですね、それは小牧・長久手の戦いなのです。ん？　小牧・長久手といえば、秀吉と徳川家康が相まみえた戦いでしょう。行軍関係あったっけ？　いや、ぼくの解釈だと関係あるんです。よかったら、また考えてみてください。

小牧・長久手で見せた行軍力

天正十二（一五八四）年三月、羽柴秀吉と徳川家康はそれぞれの軍勢を率いて、尾張の地でにらみ合っていました。

秀吉は、前年に柴田勝家・織田信孝（信長の三男）を滅ぼし、信長の後継者としての地位を固めていました。大坂城を築いて本拠と定め、畿内を掌握した秀吉の前に、最大の障壁となって立ちはだかったのが徳川家康でした。「織田の天下」を簒奪《さんだつ》したのです。家康は本能寺の変の後、本来の領国である三河・遠江・駿河に加え旧武田領の甲斐と信濃を併合（居城は遠江・浜松）。伊勢・伊賀・尾張を支配する織田信雄《のぶかつ》（信長の次男。居城は伊勢・長島）を助けるという名目で、秀吉と戦火を交えることになりました。世にいう小牧・長久手の戦いです。

ここで、戦いの攻守を確認しましょう。戦いを欲するのは、織田領すべてを手中にしたい羽柴秀吉。彼は信雄と家康を屈服させたい。できるなら、柴田勝家・織田信孝と同じように、滅ぼしてしまいたい。守るのは徳川家康であり、織田信雄です。信雄はともかく、この当時の家康には、天下人になろうとする積極的な意図はなかったとぼくは思います。秀吉の攻勢に対応して、東海地方の徳川領を守り抜く。それが戦う目的になります。

秀吉は尾張の犬山城に、家康は同じく小牧山城に本営を置き、砦や土塁を修築するなどして、防御機能の向上に努めました。「野戦築城」ですね。こうなると両軍とも

◆池田家の怒ると怖い姫様、天球院

池田恒興の娘。森長可夫人の妹。摂津・三田二万三千石、山崎家盛の妻となる。家盛は関ケ原の戦いで西軍につくが、大坂にいた池田輝政の妻(徳川家康の次女)を巧みに三田に匿(かくま)った功績で因幡・若桜三万石に加増された。ところが、ぶちキレたのが天球院である。家康の娘のケアはいいとして、肝心の妻である私がほったらかしじゃないの！　と大激怒。離縁して実家の池田家に帰ってしまったのである(模本、東京大学史料編纂所蔵)。

にうかつな攻撃に出られなくなります。なにしろ城（防御施設）を攻め落とすには、守備側の三倍とも五倍ともいう兵をそろえねばならない。だから先に手を出した方がものすごく不利になる。いきおい、戦況は膠着《こうちゃく》します。

この状態を打開するために秀吉が動きます。彼は大規模な別動隊を組織しました。秀吉の甥《おい》の羽柴秀次を大将として、池田恒興、森長可《ながよし》、堀秀政らが配置され、兵力は二万を数えました。その任務については古来、ひそかに家康の本営を迂回《うかい》し、家康の本領である三河への侵攻を試みることと言われてきました。ぼくはこれは違うと思う。だって二万人の大部隊ですよ。道に沿って横に四人並んだとして、前の人と一メートルの間隔を置いて進むとする。そうすると、先頭から末尾まで五キロメートル。忍者がいたかどうかは定かではありませんが、これでは情報はどうしたって漏れます。隠密行動を取れるわけがない。

ここで、当時「ノリにノっていた」秀吉の用兵を思い出してください。VS明智光秀の中国大返しも、VS柴田勝家の賤ケ岳の戦いも、秀吉は兵を巧みに操り、高速で移動することにより勝機をつかんでいた。この戦いでもそうではなかったか。別動隊をおとりとして使い、家康が小牧山城から出て別動隊に食い付いたところをたたく。野戦上手の家康といわれていますが、兵力は秀吉が断然優勢です。野戦になれば勝てる。野戦うまくタイミングを計れば、別動隊と挟み撃ちにできるかもしれない。

別動隊の創出は、池田恒興（美濃・大垣城主）の献策による、としばしばいわれます。けれどもそれは、この作戦が結果的に大失敗した史実を踏まえての、『甫《ほ》庵《あん》太閤記』などによる「あと講釈」ではないでしょうか。実際の企画立案者はあくまでも秀吉自身。そう考えると理解が容易になる文書があります。森長可の遺言状です。長可は織田信長に寵愛《ちょうあい》され、主君とともに本能寺に斃《たお》れた蘭丸の兄。豪勇の武将として知られ、美濃・兼山城で十万石ほどを領していました。その彼が、戦死を予感していたのです。歴戦の勇者である彼が、今さら臆病風に吹かれたわけではないでしょう。別動隊は家康をつり出すためのおとり部隊だった。だから極めて危険である。悪くすれば壊滅する可能性もある。それを覚悟していたからこそ、長可は遺言状をしたためたのではないでしょうか。

四月六日夜、別動隊は出発していきました。さて、その運命は。秀吉はみごと家康を捕捉することができたのか。

戦って勝てぬなら政治力で圧倒

天正十二（一五八四）年四月六日夜、羽柴秀次を大将とする別動隊は三河方面に向けて出発しました。徳川家康はすぐにこれを察知し、追撃を開始。四月九日に長久手まで進んでいた別動隊に襲いかかりました。羽柴勢でまともに戦えたのは「名人久太郎」と呼ばれた戦上手、堀久太郎秀政くらいで、他の部隊はほとんどあっという間に壊滅。大将の秀次は命からがら敗走。池田恒興・元助（之助か？）父子、恒興の娘婿で遺言状をしたためていた森長可《ながよし》は戦死してしまいます。長可の予感は的中したわけです。

家康が小牧山を留守にしていたころ、肝心の羽柴秀吉はどうしていたでしょう。別動隊が出発する前日に犬山と小牧山のほぼ中間地点、楽田《がくでん》に進出していた秀吉は、家康の行動を正確には捕捉できていなかったようです。九日になってようやく小牧山に攻撃を開始、ただしそれも総力を挙げた激しいものではなく、簡単に兵を引きます。この後、別動隊敗戦の報《しら》せが入り、秀吉は家康の部隊をつかまえようと動き回りますが、これもうまくいきませんでした。

中国大返し（引き続いての天王山の戦い）、賤ケ岳の戦い。両者は秀吉の用兵のみごとさが際だった戦いでした。でも、小牧・長久手の戦いにおいては、秀吉の指揮は空振りに終わったのです。結局十日、家康は小牧山に、秀吉は楽田に帰って再び睨《にら》み合いとなりました。エサだけとられた格好の秀吉、今度ばかりは大失敗でした。失意

◆ 森家と大石内蔵助の意外な縁

え？ 何で大石？ と思われるだろうが、赤穂藩つながりで登場していただいた。森長可の戦死後、千丸は長可の願いはかなわず、兼山城主となった。関ケ原の戦いののち美作・津山十八万石あまりの太守に。ところが五代目の衆利が乱心して津山藩は改易。ただし森家は二万石の大名として存続を許され、やがて赤穂城へ。森家は二万石の赤穂藩主として明治まで続いたのである（模本、東京大学史料編纂所蔵）。

の彼は五月になると大坂に帰っていきます。

でも、転んでもただでは起きないのが秀吉。この後、彼は家康ではなく、与《くみ》しやすい織田信雄《のぶかつ》にターゲットを切り替えます。羽柴秀長・蒲生氏郷・筒井順慶・藤堂高虎らからなる羽柴勢が伊勢・伊賀の信雄領に侵攻し、拠点を次々に攻略。信雄はたまらず、家康には断りなく、十一月十一日に秀吉と講和してしまいます。もともと家康の出兵の目的は（それが真意ではなかったにせよ）信雄を助けることでしたので、十一月二十一日、徳川勢は尾張の陣を引き払い、浜松に帰還しました。

軍事は政治の延長です。戦って勝てぬなら、軍事の淵源《えんげん》たる政治力で圧倒すればよい。そのあたりの切り替えが秀吉の真骨頂でしょう。彼はここで天皇を持ち出します。それまでは何の興味も示していなかった官位官職で身を飾り、関白に就任して豊臣の姓を賜ります。天皇・朝廷の権威をもって家康を圧倒しようともくろんだのだ、とぼくは考えます。そのアイデアが功を奏し、家康はついに天正十四（一五八六）年十月末、上洛して臣下の礼をとったのでした。

ここで、天正十二年三月二十六日付の森長可の遺言状にもう一度言及しておきましょう。豪勇として知られる長可は自身の戦死を想定し、遺言状をしたためました。驚くべきはその内容で、弟の千丸（のちの忠政）は自分の跡目（兼山城と領地）を継がないでほしい、と繰り返すのです。父と兄（可成《よしなり》と可隆《よしたか》）は朝倉家との戦いで、三人の弟たち（蘭丸ほか）は本能寺で死んでいった。自分もこの戦場で斃《たお》れるかもしれない。森家の跡を継ぐ千丸（長可には男子がいなかった）だけは、危険な目に遭わせたくない。そんな気持ちが「我々跡目、くれぐれいやにて候」という文言からあふれています。

ただ、以前のぼくは、長可の意図をつかみ損ねた。「兼山城と領地」は継がずに、武士の身分も捨てよ。そう願っていると思ってしまった。そうではありませんね。他の箇所で「千丸は今まで通り秀吉のそば近く仕えよ」とも言っているので、武士をやめろ、は言い過ぎ。江戸時代の概念を借りると、城もちの大名にはなるな、旗本でよしとせよ、ということです。そうすれば、秀吉の本陣周辺を固めればよく、前線の指揮官の任からは解放される。領土は格段に小さくなるけれど、危険性も低下する。

もう森家の男が戦いで死ぬのはたくさんだ。長可の遺言状からは、彼のそんな願いを読み取るべきだと思います。まあ、それでも、本分であるはずの「命がけの戦い」を忌避する武士が出現していることに、大いに驚くわけですけれども。

第3章 武将が「城を攻める」意外な理由

そもそも武士が籠城する目的は？

最近、「そもそも、なぜ城を攻めるのか」という疑問にとりつかれています。城郭研究者は「この縄張りの、ここがすごい」とか「この施設には、こういう工夫が凝らされている」という点を教えてくださるのですが、ぼくの疑問はちょっとそれと違う。A、武士は攻撃されたら、なぜ城に立て籠もるのか。B、攻め手は、防御施設である城に、多大な犠牲がでるのは分かっていて、なぜ攻めかかるのか。Aはまあ、分かるのですが、Bですね。

戦国史研究家の西股総生さんのすぐれた著作に学びながら、自分なりに少しずつ考察を重ねて、先日、徳川美術館と東武カルチュア向島文化サロンの講演でお話ししてみました。これが自分としては大失敗。何を疑問としているのか、その答えとしてどういう仮説をもっているか、うまくお伝えできなかったのです。それで敗北感にうちひしがれながら、東京大学での講義で法科大学院の学生さんと議論しているうちに（というか学生さんたちに教えられて）少し分かってきたことがあります。それを書いてみたいと思います。

なぜ、城を攻めるか。まず簡単な答えとしては、（一）そこに生かしておけない敵がいるから、です。これは分かりやすい。実例として源頼朝の金砂城攻めを紹介します。治承四（一一八〇）年に伊豆に挙兵し、南関東を平定して鎌倉に拠点を定めた頼朝は、すぐさま北常陸の佐竹氏攻撃に取りかかった。佐竹氏は源氏の名門で、事と次第によっては頼朝に取って代わる可能性をもっていました。佐竹氏は頼朝に従う姿勢

◆西郷さんの顔

西郷隆盛の写真は一枚も残っていないというのが通説で、彼がどのような風貌をしていたのかは正確には分からない。この肖像は西郷没後五十年に描かれ、よく似ていると親族から評価された（模本、東京大学史料編纂所蔵）。作者で画家の肥後直熊は西郷の隣家に住んでいて、「直坊、直坊」と呼ばれて西郷にかわいがられ、膝の上で遊んでいたという。

を見せなかったので、これを放置することはできなかったのです。

攻め寄せた鎌倉勢から身を守るため、佐竹氏は常陸太田市の金砂城に立て籠もります。いま城とはいいましたが、有り体にいうとただの小山？険しい丘陵？ですね。そこで佐竹氏は防御を固めた。実際に行くと、もう、ひーこら言わないと登れない険《けん》峻《しゅん》な地で、ここで佐竹の兵が長く生活できる実感が湧きません。水の手は確保してあったとしても、食糧の補給はひと苦労だし、大勢の兵が休息のため横になれる平らな土地がない。

ぼくは思わず、こんな城、放っておいてやることはできなかったのかなあ、頼朝は、とつぶやきました。だけど、考えてみると、それはダメなのですね。鎌倉勢が帰ると、佐竹氏は山から下りてきて、また常陸太田周辺の支配を始める。城の下に警備の兵を置いておき、佐竹兵が下りてきたら捕捉して合戦するのも一案でしょうが、まあ攻め落としてしまった方が手っ取り早い。というわけで、頼朝は総攻撃の末に城を落とし、佐竹氏を完全に屈服させ、自らの家臣団に組み込みました。脅威を排除するための城攻め、ですね。

もう一つ例を挙げると、有名な楠木正成の千早・赤坂城の戦いです。後醍醐天皇の命を受け、河内の楠木氏が「反鎌倉幕府」の兵を挙げた。幕府としては、正成の首級を挙げねば、一大事に発展する可能性がある。そこで軍勢を編成して、ロコツに言うなら、正成を殺しに行った。すると彼は城に立て籠もった。これは必然的に城攻めに発展します。

実は平安時代末とか鎌倉時代初め、城は大した防御施設としては機能していない。寄せ手が本気なら、すぐに落城しているのです。その点で、千早・赤坂の城はなかなか落ちなかった。城のポテンシャルを遺憾なく発揮した、という点で、楠木正成は日本史上のパイオニア、といえるかもしれない。やはり、ものすごく卓越した戦術家だったのですね。

なぜ城を攻めるか。答え（二）としては、その城を攻め落とすと、政治的・経済的な利益が見込めるから。一番分かりやすい例は、明治維新時、西郷隆盛の江戸城攻めでしょう。将軍家の江戸城を落とせば、「もう徳川の世は終わりだ」と満天下に示すことができる。もしくは、「百万都市」江戸の持つ豊かな経済力を手にできる。西郷さんは政治的な効果より、実利を重んじた。それで勝海舟の提案した「江戸の無血開城」に乗ったのでしょう。戦火を免れたおかげで、江戸の町はそのまま明治政府の「東京」に変貌することができた。明治天皇をお迎えし、文明開化・富国強兵を号令するセンターとして機能できたわけです。

（一）と（二）は分かりやすいのですが、問題は（三）です。いわゆる「境目の城」の城攻め、というヤツ。これについては次項でお話し致しましょう。

戦国の世を象徴する「境目の城」

鎌倉時代、有力な武士もその勢力範囲は荘園どまり。一口に荘園と言っても、大きな荘園もあれば小さな荘園もあるわけですが、まあ耕田が三〇〇町（ほぼ三〇〇ヘクタール）の荘園を本拠にするとなると、その国で名の通ったかなりの有力御家人に数えられるでしょう。ここで武士たちは、荘園のそこかしこに防衛拠点、まあ砦《とりで》のようなものを築くことはしていません。小規模な山城のふもとに屋敷をもち、日頃は屋敷で生活し、敵に攻められたら山城に籠もる。お城は一つなのですね。同時期のヨーロッパのモット&ベーリー（中世初期の英仏で見られた、モット＝小丘とベーリー＝木柵からなる簡素な城）に類似しています。

これが室町時代になると荘園制が崩れてきて、付近一帯の領域的な把握が進んでいく。広い地域を治める武士は、本城の他にも重要拠点に防衛施設を作るようになります。それが深化していくのが戦国時代で、戦国大名は土地の領有を拡大していき、一国規模の土地支配が現出する。なかには自国だけでは飽き足らず、他国を積極的に侵略する者が現れる。まあ織田信長とか、武田信玄とかですね。

このとき、自らの領域を守るために、勢力の境界に置かれたのが「境目の城」です。たとえば武田家が信濃をがっちり領有している。徳川家が遠江や三河をほぼ押さえている。この時、武田家が徳川領に侵攻しようとすると、大軍で山登りをすることはできませんので、上田から浜松に至る現国道一五二号とか、伊那から豊橋に至る飯田線のルートなど、使える道は限られている。その道に城を築けば、徳川家にとってきわめて有効な防御施設となるわけです。そうした城のうち、武田と徳川がきびすを接しているところに築かれるのが、「境目の城」ということになります。というわけで、なぜ城を攻めるのか。その（三）は、他家の領土に侵攻するため、「境目の城」を攻め落とす、です。

仮に武田が徳川の「境目の城」を攻め落としたとする。すると、その城は今度は武田方の「境目の城」になる。城の周囲の土地は武田家のものになり、そこからの税収は「境目の城」の備蓄食料になり、また武田居館のある甲府や各所に運ばれて有効に使用される。それから、徳川家とすると、他に最前線の「境目の城」を準備するとともに、何とか攻め落とされた城を奪還しなくてはならない。かくて武田と徳川の国境では、緊張が続き、戦が絶えないことになるわけです。

さて、ここでぼくの素人くさい質問です。たとえば武田軍が徳川領に攻め入るとき、バカ正直に全ての城を、攻め落としていくことは必要不可欠なのでしょうか？　たとえばいかに交通の要衝にあるといっても、そこに兵がどれほどいるのか。「四十万石で兵一万人」の公式に当てはめると、四千石ぐらいの土地だと兵百人。周囲に収穫高四千石くらいの耕地しかなさそうな山城は、いくつもある。こんな城、いちいち落と

◆丹羽長重の父、長秀

織田信長に仕えて重臣となり、本能寺後の政局では常に羽柴秀吉をもり立てた人物。その嫡子が文中の長重である。長秀は安土城の築城奉行であり、長重もまた築城の名手であった。丹羽家には有能な土木集団が召し抱えられていたのだろうか。秀吉は長秀に百万石を与えたが、彼が没すると領土も家臣も召し上げ、長重は十万石の大名になってしまった（模本、東京大学史料編纂所蔵）。

さなくても良さそうに思いませんか。無視して通り過ぎたとして、そこに籠もる敵兵百人にどれほどのことができるでしょうか。

いや、そうではない。兵站線《へいたん》への攻撃に、後方攪乱《かくらん》。いろいろ仕掛けられて面倒であるとすると、こちらがいくらか損害を出したとしても、城を落とした方が効率的なのだ、という本は読んだのですが、なかなか納得できない。いや、その辺りの土地をしっかり自領に組み込もうとするならば、そうした地道な戦いが必要になってくるのでしょうか。

関ケ原の戦いの時に、前田利長は二万の大軍を率いて金沢城を出発。京・大坂方面に向かいます。この時、西軍について前田軍の障害となったのは、まず丹羽長重（十万石）が籠もる小松城。前田勢は堅城で知られる小松城をスルー。丹羽勢が城を出てきたときの備えの部隊を置いて、先を急ぎます。ついで、山口宗永（七万石くらい？）が立て籠もる大聖寺城。こちらには攻撃をかけて、あっという間に落としてしまいます（宗永は自害）。

堅城はあとまわし。落とせる城は攻撃。目的地のある行軍をするときは、この前田軍方式が好適なのかもしれません。一方で、しっかりと地域を押さえるためであれば、一つ一つの城や砦を落とし、敵兵・敵勢力を掃討していく。この理解でよろしいでしょうか？　そうすると、上田城で時間を浪費した徳川秀忠は、やはり失敗だったということになりますね。

うん、うまくまとめたつもりなのですが、この理解だと分からない実例も出てきてしまいます。たとえば浜松城と三方ケ原の戦い。また、高天神城《たかてんじん》の戦い。それについては次項。

信玄が徳川の城を次々と落とせた理由

元亀三（一五七二）年九月二十九日、武田信玄は山県昌景らに三千の兵力を預けて先発させ、十月三日、自身も二万二千の兵力を率いて甲府から出陣。遠江に侵攻を開始しました。いわゆる、信玄の西上作戦です。山県隊は現在の飯田線のルートを通り、信玄本隊は国道一五二号（秋葉街道とか塩街道と呼ばれた）を通って南下します。

山県隊は北三河の国人領主「山家三方衆《やまがさんぽう》」（のちに徳川方に転じる奥平氏を含む）を味方に付け、田峯《だみね》城、作手《つくで》城、長篠城からの支援（兵糧など）を受けます。長篠城の南東に位置する柿本城を落とし、続いて遠江の伊平《いだいら》城を落として十一月初旬、二俣城を攻囲していた信玄本隊に合流しました。飯田ルート制圧、完了いたしました、と報告するところでしょう。

青崩《あおくずれ》峠を越えて信玄本隊が遠江に入ると犬居城は即座に降伏し、開城。馬場信春率いる五千ほどの一隊には只来《ただらい》城を攻略させて二俣城へ。残る一万七千の信玄本隊は天方《あまがた》城・一宮城・飯田城・向笠《むかさ》城など北遠江の徳川諸城を次々に落として二俣城に向かいます。浜松城の徳川家康も手をこまねいていたわけではなく、この時点で野戦のチャンスをうかがいますが、とても勝てないと判断し、浜松城に退却します。

ここまで、城がバンバン攻め落とされています。あれ？　敵対勢力に対抗するための「境目の城」じゃなかったんだっけ？　それに後年の長篠城の頑強な抵抗を考えると、なぜこうも簡単に、との疑問が生じますが、これは城兵がほとんどいなかったためと考えるべきでしょう。家康の遠江兵は八千ほど。それぞれの城に少しずつ配備していては、多少の時間は稼げても、戦術で一番やってはいけない「『兵力の分散』からの『各個撃破』」を食らってしまう。それで、家康は一つ一つの城はあえて捨て、浜松城の他に

◆長篠城死守の褒美となった徳川の姫

亀姫（一五六〇～一六二五年）は家康と築山殿との間に生まれた長女。長篠城主、奥平（松平）信昌のもとに嫁いだ。長篠城の攻防における信昌の奮闘は、家康にたいへんに評価されていたことが分かる。主君の姫を妻とした信昌は一生側室を置か（け？）なかった。亀姫は四人の男子を産み、彼らは家康の孫として尊重された（模本、東京大学史料編纂所蔵）。

は、二俣城にだけまともな城兵を割いたのではないか。

本城の一つ手前に防御陣地を築くというのは、当時の武将にとってごく自然な作戦だったのではないでしょうか。というのは、関ケ原戦役の時、東北地方の最上氏が、山形城の手前の長谷堂《はせどう》城で上杉の大軍（司令官は直江兼続）を迎え撃ったのを思い出したのです。たしかに本城の近くでの攻城戦だと、攻め手（本作戦では武田軍）が油断していたら、守備側（徳川軍）が本城（浜松城）から虎の子の本隊を出して、城（二俣城）の守備兵との連携のもとで、背後から攻め手を逆撃できるかもしれませんね。いや、これは絵に描いた餅か。

二俣城は遠江の中央部、現在の浜松市天竜区二俣町に位置する要衝です。天竜川と二俣川が合流する二俣の丘陵上に築かれた堅城で、ここに兵を入れておけば、かなり広くの地域の支配が実現できる。それで家康はこの城に一千の兵を入れて守備した。

さてここで信玄が選択できる作戦は、前項での考察からすると、二つあったはずです。関ケ原時、大軍の前田軍が（一）小松城でやったように、二俣はスルーして浜松城に襲いかかる（もちろん、二俣城兵が打って出たときの備えとして、ある程度の兵は置いておく）、（二）大聖寺城でやったように、二俣は落城させる。

信玄が選択したのは（二）でした。ということはですね、ここで一つの推測が生まれます。信玄は自身の死期を悟って、急いでの上洛《じょうらく》を試みたともいわれるが、それは違うんじゃないか。もし上洛を優先するなら（一）を選択し、家康の排除を急ぐのではないだろうか。信玄の目的は徳川家を滅ぼして、もしくは降伏させた上での遠江・三河の制圧で、だからこそ（二）を選択し、遠江中央部の領域支配を狙ったんじゃないかな、と。この推測の当否はまた次項で出てきます。

さて二俣城ですが、城兵は徹底抗戦を行い、二カ月にわたって武田軍を苦しめました。結局は信玄の作戦によって水の手が断たれ、十二月十九日に開城したのですが、この抗戦によって獲得できた時間の中で、浜松城には織田信長からの援軍が到着しました。ただし、それは家康の期待に反する、しょぼい三千の兵でした。これでどないせえっちゅうねん‼　何だか家康の悲鳴まじりのツッコミが聞こえてきそうなところで、次項は三方ケ原合戦とその後、です。

「上洛」ではなかった信玄の目的

「敵の兵が立て籠もる城を素通りするわけにはいかない」。それはなぜかというと、その兵に自軍の後方を攪乱《かくらん》されると、城を攻め落とすより多くの被害が出る可能性が高い。あるいは、戦力の低い補給部隊を狙われ、兵站《へいたん》線を遮断されてしまうと、自軍は飢えて戦えなくなってしまう――ここまではよろしいでしょうか。

ぼくとしては、ここまでも結構ツッコミどころがあるように思うのですが、まあ、世の中ではそう説かれているように思います。だから関ケ原戦役の時、山形城を落としたい上杉軍なのに、その手前で長谷堂城攻めをしなくてはならなかった。一方で織内を目指す前田軍は、堅城と名高い小松城を攻めずに、おそらくそれなりの兵数を小松城近くに張り付け、先を急ぐという戦術を採った。

さて、そこで三方ケ原です。二俣城を落とした武田軍は、徳川家康が籠城する浜松城を素通りして西を目指した。家康は「ふざけやがって。おれを敵だと認めることすらしないのか」と激昂《げきこう》し、家臣が止めるのを振り切って、武田軍を後背から攻撃しようとした。ところがそれは信玄の罠《わな》で、武田軍は三方ケ原で徳川軍を待ち構えていた。

結果、徳川勢は完敗し、家康は恐怖のあまり、う〇こ漏らしながら浜松城に逃げ帰った。「怒って理性を失うと、とんでもないことになる」と家康は有名な「しかみ像」を描かせ、後の戒めとした——こんなことが言われてます。

徳川美術館の原史彦さん（イケメン。ちぇっ）の最近の研究によると、「しかみ像」は実は三方ケ原時のものではないそうです。へー、そうなんだ。反論の余地はないな。でもね、それを認めることとは別に、この三方ケ原の戦いへの理解、おかしくないですか？　もし本項冒頭に記した「城攻めの理由」論が妥当だとすると、少なくとも一万人という大規模な徳川・織田連合軍を浜松城に放置したまま、武田軍は西に進軍できるワケがないんです。だって、放っておいたら、徳川軍は何をするか分かったものではない。補給部隊を襲うこともできるし、マンガみたいな展開もアリとするなら、兵が出払った武田の本国・甲斐を攻めるかもしれない。さすがに日本史上にはそんな傍例はありませんけれども、「浜松城素通り」はそれと同じくらい机上の空論だということでしょう。

とすると、真相は何でしょうか。武田軍は作戦として、浜松城を攻めなかった。家康は罠だと知りつつ、後方から襲撃することのアドバンテージや、徳川方に従っていて大丈夫か？と迷っている遠江の在地領主たちの信頼を失わぬ対処法を冷静に考慮し、城からの出撃に踏み切った。だから家康が激昂した、というのはウソだ、というところでしょうか。

考慮すべき論点が、さらにあります。武田軍は戦場で家康を討ち取ることができなかった。家康は浜松城に逃げ帰った。徳川・織田軍は二千あまりを失った。負傷兵はその倍の四千と考えてみます。家康は浜松城に健在。戦闘に堪える兵は四千か、五千はいる。この状態で、さて、武田軍は上洛なんかできるでしょうか？——できないと思うんだけどなあ。それが、城の機能を考えたところから導き出せる、ごく穏当な推測にならざるを得ません。

三方ケ原のあと、武田軍は年を越して野田城に攻めかかり、落とした。ところがここで信玄の病が重くなり、武田勢は帰国の途につくのです。もちろん、野田城を落とすことが、この西上作戦の目的だったわけではない。とすると、信玄は何を考えていたのか。体力が許せば、野田城の次はおそらく吉田（豊橋）城を落とし、岡崎と浜松の連絡を遮断する。その上でもう一度、浜松城を囲む。そうして今度こそ、家康を討ち取るか、降伏させる。言葉を換えると、徳川家を滅ぼすか傘下に収める。その上で遠江を完全に奪取する。うまくいくと三河も手に入る。こんなところが信玄の目的だったのではないかなあ、と考えます。

武田信玄を高く評価する方からすると、織田信長と戦わせたかったでしょう。その気持ちはよく分かります。だけど、信玄に信長と決戦する動機がどれほどあったか。ぼくは足利将軍家の権威を高く評価しませんし、「信長包囲網」は後世のわれわれの後知恵だと思っていますので、よけい「信玄と信長の決戦はムリ」と思ってしまうのかもしれません。

実は特異な日本の「城攻め」

マンガは偉大である。え？　ナニ当たり前のこと言ってるの？　と多くの方が思われたでしょうけれど、先日「東大の教員たる者が、歴史はマンガで学ぶと良い、などと奨めている。全く嘆かわしい」とのお小言を頂戴いたしまして。まだそういう発想する人がいるんですね。どんな文豪の描写力も、マンガの一コマにかなわない、ということがあるのに。

さて、そこで。「城攻め」の一コマを思い描いてみてください。どんな構図が浮かびますか？　たとえば中国史だと原泰久先生の『キングダム』（集英社）。時代は秦の始皇帝の若き日ですので紀元前二三〇年頃でしょうか。またヨーロッパなら久慈光久先生の『狼の口（ヴォルフスムント）』（エンターブレイン）。舞台は後に永世中立国家スイスの核となる、ゴットハルト峠周辺の森林同盟三邦。最終巻が描写するモルガルテンの戦いが一三一五年。この二作に克明に描かれる城攻めと、宮下英樹先生『センゴク』（講談社）の小谷《おだに》城攻め（一五七三年）は明らかに違う。

ユーラシア大陸の東と西、どちらの城攻めも、肝は「城壁をどう突破するか」です。

攻め手の前にそそり立つ城壁。城門を破壊するか、城壁を乗り越えるか。ともかくこれを無力化しないことには城内には入れない。そのため、攻め手は東でも西でも「投石機」、動く櫓《やぐら》である「攻城塔」、門や城壁を砕く「破城槌《はじょうつい》」などを開発しています。

◆ 小牧山城は誰が作ったか

愛知県小牧市にある小牧山城跡。丹羽長秀は織田家の重臣で、安土城の普請奉行を務めた。彼の子の長重が築いた加賀小松城は堅城として知られていたし、陸奥の白河城は東北地方には珍しい総石垣造りの城で、盛岡城、若松城とともに「東北三名城」の一つに数えられる。このことから推測すると、丹羽家には城作りに熟達した技術者集団がいて、彼らは小牧山の築城にも何らか関わっていたのではないだろうか。

必要に迫られて人間の考えることは、遠く隔たっていても、あまり変わらないのですね。これに対し、島国・日本は全く異なる攻撃スタイルを取る。なぜかというと、「城壁がない」からです。

そもそも平城京や平安京を造営するとき、朝廷は城壁を設けなかった。遣隋使や遣唐使が派遣されていて、隋や唐の「城壁に囲まれた都市」のありようを知っていたのに。なぜか、ということを議論し出すと厄介ですので、それはおくとして、ともかく日本では堅固な城壁を備えるという概念が育たなかったように思います。たとえばモンゴルの侵攻に対して博多湾に防塁を築いていますが、まあ一口に言って「しょぼい」。鎌倉武士は、たったこれだけの防御陣しかもたずに、よくぞモンゴル軍を撃退しました。逆にすごい！

平安・鎌倉時代の武士は、立て籠もるときの「詰めの城」を作るとき、高い城壁を作らずに地形を利用しました。丘陵地に平地を削り出して兵が駐留するスペースとし、土を掘って空堀と土塁を築いた。「山城」です。これと関連すると思われるのが武士団の所在で、関東平野の東京都部分とか、濃尾平野の中心地には有力な武士がいなかった。武蔵随一の武士団といえば秩父党。美濃・尾張でも土岐氏とか遠山氏とか、伝統ある武士は東部の山間に出自を持つ。農業生産力からすると「まったいら」な場所の方がよさそうなのですが。

よく交通の要衝を抑えるための城、とか言いますが、ヨーロッパや中国は道が城内を通っています。旅人は城門でチェックを受けながら行き来するわけです。当然、その道を進軍してくる敵勢力に対しては城門を閉じ、ここに攻城戦が始まる。これに対し、日本では、道を城内に取り込むという発想がない。だから城をムリに落とさないでも、城兵に対しての備えを配置さえすれば、先に進めてしまう。

この差がどこから出てくるのかというと、やはり城壁ではないかと思うのです。道はなるべく平坦《へいたん》な場所を結んで生成される。すると、それは城壁を有する防御都市なら取り込めるけれど、起伏のある土地を利用した日本式山城とは相性が悪い。日本の城は道の脇や近くに、交通に干渉できるように作らざるを得ない。でもこれ、要衝を抑える、という観点からすると中途半端な感が否めません。

様相が一変するのは、やはり織田信長でしょう。信長は小牧山城を築くときに、はじめて石垣を積んだ。石を積む技術は寺院に既にあったのですが、信長はこれを城作りに生かした。すると、日本の技術力は相当に高かったので、あっという間に堅固な石垣が各地の城に用いられるようになり、城は山城から平山城、さらに平城へと変容していきます。都市全体を石垣で囲む「惣《そう》構え」も登場してくる。信長が投じた一石は、まさにコロンブスの卵だったわけです。

最後に蛇足ですが、近年学界で台頭してきた「信長はふつうの戦国大名だった」論の皆さん、これでも信長の評価を変えませんか？

高天神城は「落とせなかった城」か

高天神《たかてんじん》という城があります。現在の静岡県掛川市上土方・下土方に築かれた山城で、堅城として知られていました。元亀三（一五七二）年の西上作戦において、信玄は一応この城の近くを通ったのですが、攻城戦はせず、当然、城は落ちませんでした。天正二（一五七四）年五月、信玄の跡を継いで勢力拡大を目指す武田勝頼は、二万五千の軍勢を率いて同城を囲みます。城を守る小笠原長忠は徳川家康に救援を求め、家康は織田信長に救援を要請しました。

六月十四日、信長の援軍は岐阜を出陣し、十七日に三河の吉田（豊橋）城に到着しました。だが翌十八日、高天神城内の小笠原信興（長忠と同一人とも、別人ともいう）が武田方に通じ、城は落ちます。十九日、信長の元に城陥落の報が入り、浜松から家康が吉田に出向いて礼を述べました。本当は「戦う気はあったのか？」と詰問したいところだったでしょうが。信長は家康に兵糧代として大量の黄金を贈り、二十一日に岐阜に帰還します。

信玄も攻略できなかった堅城・高天神を落とした！　というので勝頼の声望は一気

に上がり、逆に勝頼の慢心を招くことになった、などという説明が昔からよくなされます。でも、信玄は国道一五二号（上田と浜松を結ぶ）を南下して浜松城を狙った。その意図は先に記したように、家康の首、もしくは武田への服属を強いることにあったとぼくは解釈します。その意味では、進軍路から外れた高天神を落とす必要は全くないのです。

一方で勝頼は、領地を地道に拡大するために「境目の城」としての高天神を欲したのでしょう。つまり、武田領に組み込まれている駿河から国境を越えて、遠江東部に侵入したと思われます。となると、この城を落とし

◆「片手千人斬り」と大儒の意外な縁

新井白石（模本、東京大学史料編纂所蔵）の父・正済は上総久留里藩に仕官し、目付をつとめている。白石は幼い頃から聡明（そうめい）で気性が激しく、怒ると眉間に「火」の字に似たしわができることから、藩主・土屋利直（忠直の嫡子）は白石のことを「火の子」と呼んでかわいがった。利直の死後、藩主を継いだ直樹には狂気の振る舞いがあり、正済と白石は延宝五（一六七七）年に土屋家を追われている。

たこと自体は大成果ですが、それは別に信玄と比較する話ではない、ということになりますね。

さてここで注目したいのが、岩明均原作、室井大資作画の『レイリ』（秋田書店）というマンガ作品です。農村の少女レイリは戦乱で家族を失い、自分も手ひどく乱暴される。武田の武将・岡部元信に一命を助けられた彼女は武芸に天稟《てんぴん》の才能を現し、岡部の盾となって戦いで死ぬことを望むようになる（このあたりは岩明氏の『剣の舞』の設定に似る）。こののちレイリは土屋惣蔵《そうぞう》に預けられて勝頼の一子・信勝に仕えるようになり、岡部は高天神城の城主に任じられる――。そう、ここで高天神が出てくるのですが、それが実にかっこいい！　なるほど、山城ってこういうふうになっているんだ、と納得できる精緻《せいち》な作画を見ることができる。絶対のおすすめです。

岡部元信はもともとは今川家の武将。桶狭間の戦いでは尾張に食い込んだ今川方の拠点、鳴海城の城主を任されていました。今川義元が戦死しても少しも騒がず、鳴海城を死守。義元の首の返還を条件に城を織田方に明け渡し、堂々と帰国します。まさに名将。やがて今川家が武田に駿河を奪取されると武田家に仕えます。そして高天神の守備につく。もう七十歳近かったようです。

これは史実の話ですが、彼の娘は土屋惣蔵の妻になっている。土屋は武田家の最後の戦いとなった天目山での「片手千人斬り」で有名ですね。深沢七郎の小説『笛吹川』にも登場したはずです。それでね、土屋の遺児は母親とともに天目山を脱出し、生き延びた。えっ！　たしか『レイリ』作中で、岡部は「ゆけ、レイリ。わが娘よ」なんて言ってたよなあ。するともしかして……。

まあ、興奮するのはやめておきましょう。このあと惣蔵の息子は徳川秀忠の小姓となって忠直を名乗り、やがて上総・久留里で二万石の大名に取り立てられます。土屋本家は孫の代に改易《かいえき》されて、三千石の旗本になるのですが、忠直の次男である数直は累進して老中にまでなります。常陸の土浦を領し、この土屋分家は常陸九万五千石の大名として江戸時代を乗り切ります。さすがは「片手千人斬り」の子孫というところなのでしょうね。

「境目の城」の維持失敗から滅亡へ

静岡市は昔は駿府と呼ばれていて、駿河国の国府です。そこから西へ進んでいくと、「箱根八里は馬でも越すが、越すに越せない」大井川があります。この川が駿河国と遠江国の国境。

武田家は信玄の晩年から、勝頼への代替わりの初め頃、大井川の西側、つまり遠江の側に諏訪原城（静岡県島田市金谷）と小山城（榛原郡吉田町）を築きます。とくに諏訪原城は丸馬出《うまだし》が設けられるなど、武田家に特徴的な築城様式がよく見られる城になっているそうです。位置関係でいうと、諏訪原城が北、小山城が南。これらの城を前線基地として、勝頼はさらに西に進み、天正二（一五七四）年、徳川家の高天神城を落として武田の城とするのです。

くどいですが、ぼくが考える城攻めの目的。（一）討ち取りたい相手が城に籠もっている場合。（二）その城を押さえると、豊かな町や耕地が手に入る場合。一定の地域を得るための城攻め。（三）境目の城。他領を自領に取り込み、自分の領地を拡大する。この三つ。諏訪原城と小山城は、当時は駿河＝武田領、遠江＝徳川領だったから、境目の城として整備された。これはいいですよね。では高天神城の攻略は？　これもやっぱり遠江での武田領を拡大するための攻撃でしょう。つまり（三）。

かつて、静岡のお城をよく知る研究者に、「なぜ高天神城を取ったり取られたりしたのか？」と尋ねたところ、「え？　だって、あそこを取れば遠州灘が……。それに

◆掛川で続いた江戸城築城者の家

太田資宗（すけむね）は徳川将軍家に近侍し、幕政に参画して一代で大名になった。彼の祖父という太田康資は、江戸城築城で知られる太田道灌（どうかん・模本、東京大学史料編纂所蔵）の曽孫である。だが資宗の父である重正が本当に康資の子であるかどうかは確証がないらしい。また重正の妹とされる家康の愛妾（あいしょう）・お勝の方（英勝院。水戸の徳川頼房の養母）の素性も定かではない。ともあれ、資宗の子孫は掛川五万石の大名として明治まで続いた。

耕地が広がって……」とその人は言いました。つまり（二）で考えたわけでしょうね。でも、ぼくは納得できなかった。そんなに統治の上で重要な城なら、戦いが終わった後でも残るでしょう。山城でなくて平城に改修されても。その場合は城下町もできて、そこが現在の市街地になるはず。でもそれは、あの地域では掛川城の役目だった。高天神城はもっぱら境目の城として有用だったと思うのです。

天正三（一五七五）年に長篠の戦いで武田家が大打撃をこうむると、徳川家康はすぐに諏訪原城を攻略します。こうなると、高天神城への補給が難しくなる。大井川の上流から物資を運んで諏訪原城に備蓄し、そこから高天神城へ、というルートが断たれた。駿河から小山城へ、小山城から高天神城へ。補給ルートはこれしかなくなってしまった。もちろん、高天神城の周辺に耕地が広がっていて、そこで取れた米や野菜で自給自足できるなら話は別ですが、後の攻城戦の時に高天神は兵糧が尽きて落城しています。やはり（二）はない。

信玄の西上作戦の狙いは、遠江の奪取と家康の首か服属。うまくいけば三河も、というものだった、とぼくは考えています。後継者の勝頼の行動の基本線もそれで、駿河を前線基地として遠江を狙っていた。だが、長篠での敗北で大打撃を受けたため、諏訪原城の防衛に力を割けなかったし、奪還に向けての手を打てなかった。そのために、高天神城の立ち位置が実に不安定なものになってしまった、といえるのではないでしょうか。

天正八（一五八〇）年、家康が先に動き、高天神城を囲みます。これは武田家にとってはきつい。高天神を助けに行くと、おそらくは信長が大軍を率いてやってきて、長篠の戦いが再現されてしまう。といって、見殺しにしては、「武田殿、頼むに足らず」と信濃、駿河、甲斐の領主たちからの信頼が低下する。そのあたりを見越してでしょう、信長は「高天神が降伏を申し出てきても、許してはいけない」と家康に指示しているわけです。

結局、勝頼は動くことができなかった。翌天正九（一五八一）年三月、半年の籠城の末、城代の岡部元信以下が討ち死にして高天神城は陥落したのです。武田家の地滑り的な崩壊まで、残りちょうど一年。ですから、研究者の中には、武田家滅亡の真因は長篠の敗戦ではなく、高天神城の見殺しにあり、と唱える方もいらっしゃるようです。確かにそういう見方も成り立ちますね。でも、やはり諏訪原城落城のあたりからの動きを考えると、長篠の戦いでのダメージは相当深刻だったと認めるべきではないでしょうか。

第4章　関ケ原と大坂の陣にみる「大名」の実像

福島正則「暴れ者」理解は正しいか

映画「関ヶ原」を見たのですが、いやあ、面白かった！　家康の老獪《ろうかい》な人物造形とか、大迫力の合戦シーン（ちゃんと足軽が槍《やり》で相手を「叩《たた》いて」いるんです。槍は「突く」ものじゃなく、「叩く」ものだったらしい）とか、忍者たちの手に汗握る殺陣とか。

見どころは実にたくさんありますけれど、何か一つお勧めを、と言われたら（イヤ別に誰にもリクエストされてはいないんですが）何かなあ……。やっぱり主人公・岡田准一さん演じる石田三成の所作のかっこよさかなあ。さすが古武術に通じている方だけあって、ものすごくきまってる。真田広之さん（大河ドラマ「秀吉」の三成役。ぼくと同じ生年月日なので、他人のような気がしません。え？　ど厚かましいって？　ごもっとも）の立ち居振る舞いもみごとだったけれど、甲乙つけがたいかっこよさです。

逆にあえて文句を付けるとすると、福島正則たち「武断派」の描き方、でしょうか。うーん、原作の司馬遼太郎さんの理解がそういうものだったし、三成たちを引き立てる役どころだから映画に罪は無いんですけれど、ともかく暴れ者の集団として描写されている。よくいえば猛将。悪くするとチンピラ。この映画に限らず、「武断派」代表の正則のイメージって、そういう感じですね。一般に。

だけど、彼は秀吉によって尾張・清洲という当時としてはものすごく重要な城を与えられ、しかも領地は二十四万石。この数字は、豊臣子飼いの大名としてはトップです。二〇一六年に注目を集めた脇坂家の文書によると、秀吉は武辺一辺倒では評価してくれない。戦場で暴れるだけじゃダメだ。ちゃんとデスクワークをこ

◆ 福島正則の肖像

背景の賛には「三玄槍槊　太平奸賊　亂世英雄　大千一握」とある。槍を振るって全てをつかむ、太平の世では奸賊（かんぞく）、乱世の英雄である、くらいの意味なのだろう。彼の失脚後に書かれたものと思われるが、やはり元来が「暴れ者」のイメージなのだろうか（模本、東京大学史料編纂所蔵）。

なせ！と口を酸っぱくして命じている。この課題をクリアできないと、取り立ててくれないんです。それを思うに、正則が「ただ勇猛なだけ」の武将とは、思えないんだよなあ。

秀吉が正則には甘かったんじゃないか、と仮定したときに、一つだけ理由の抜け道を探すとすれば、正則は秀吉の血縁者だという点になるでしょうか。お母さんが大政所（秀吉の母、なか）と姉妹、つまり正則と秀吉は血のつながったいとこだという。だから一門衆や家臣団をもっていなかった元農民の秀吉は彼を特別に優遇した。そう解釈する手はなくはない。

秀吉の血縁者といえば、青木一矩《かずのり》（名前は重吉、という黒田基樹さんの新説あり）、小出秀政。加藤清正もうっすら血縁があるんでしたか（大政所と清正の母がいとことの説）。秀政は妻が大政所の妹で岸和田三万石。一矩は母が大政所の妹というから、正則と同じで、越前府中の城主。石高は不明ですが、十万石くらいでしょうか。清正はともかく、秀政も一矩も豊臣政権下でさほど活躍しているイメージはありません。血縁者だからといって活躍の場を与えるほど、秀吉は甘くなさそうです。

関ケ原の戦いの直後、正則は黒田長政とともに文書を作成し、毛利輝元と折衝している。その結果、大坂城に居座っていた輝元は城を出て、代わりに家康が入城する。

大坂城に入り、豊臣秀頼の生殺与奪の権を握るということは、詳細な考証は省きますが、この局面で一番大切なことだと考えられる。大津城を攻略してきた立花宗茂が輝元に進言しているように、ここで大坂城攻防戦があっても不思議ではなかった。それを未然に回避できたのですから、正則の外交手腕は高く評価されるべきでしょう。彼はやっぱり、かなり優秀だったはず。

正則が「できる男」でキーパーソンとの評価があったからこそ、関ケ原の戦い以前に家康は、まず福島家との縁組を実行したんじゃないか。異父弟である下総関宿《せきやど》藩主の松平康元の娘・満天《まて》姫（つまり姪にあたる）を養女とし、正則の養子で跡取り、正之に嫁がせたのです。ちなみに正之の実父は但馬・八木城一万五千石の別所重宗。かつて播磨・三木城に籠城して羽柴秀吉と戦った別所長治のおじさんです。重宗の妻が正則のお姉さんだったのですね。

さて、関ケ原の戦いの後、正則はよく知られるように輝元の城だった広島城を与えられます。領地は安芸と備後でほぼ五十万石。押しも押されもしない大大名になったわけですが、さて、この後の彼の運命は。そこには再び福島家の嫁であった満天姫が関係してきます。それから、正則のライバルだった石田三成。そういうと、歴史に詳しい方ならもう分かっちゃいますね（苦笑）。まあ、というわけで、次項！

東軍加担は実は「計算ずく」だった？

福島正則は「暴れ者」のイメージが定着しているけれど、それで良いのか？　と前項で書きました。この評価というのは、関ケ原の戦いの解釈にも影響します。

正則は無類の暴れ者だったけれど、一方では誰よりも豊臣家に対して忠誠心をもっていた。そこで徳川家康は正則の「石田三成嫌い」の部分をこれでもか、と刺激し続けた。そのクライマックスが、三成挙兵の報を受けて開かれた「小山評定」（家康以下諸将は会津攻めに向かう途中）。黒田長政の事前工作を受けていた正則はいの一番に「徳川内府にお味方をし、にっくき三成めを成敗する」と獅子吼《ししく》。それにつられて諸将はみな家康への従属を誓い、ここに「東軍」が誕生した、というストーリーがしばしば描かれています。

これは、正則は「三成憎し」の怨念にとらわれ、「家康が勝つと、豊臣家がまずいことになるぞ」とは思い至らなかった、という見方ですね。家康は「正則の単細胞っぷり」につけ込み、結局、関ケ原で勝利した、ということになります。

本当でしょうか？　ぼくにはそうは思えません。正則は堂々たる一国一城の主、つまり多くの家臣たちの生活に責任をもつ大企業の経営者なのです。自分の感情だけで去就を決するとは思えない。それに彼は「弱肉強食」の戦国の様子、より具体的に言えば、羽柴秀吉が織田家の天下を奪い取るさまを現場で見ている。家康が勝利すれば、三成が滅ぶだけでなく、豊臣の天下が終わることも十分に分かっていた。それでも「福島家」が生き残り、より繁栄することを目指して、家康に味方したのではないでしょうか。

◆満天姫祖母で家康の母、伝通院

伝通院は、お大の方とも（模本、東京大学史料編纂所蔵）。尾張国の領主、水野忠政の娘。はじめ松平広忠に嫁ぎ、家康を産む。広忠と離縁した後に知多半島の久松俊勝に嫁ぎ、三男三女をもうけた。俊勝との長子が康元（十歳年長の異父兄の家康に仕えて、松平姓を名乗る。下総国・関宿二万石）で、彼の娘が家康の養女となった満天姫である。

関ケ原の結果、家康が新たな天下人になり、豊臣家は六十万石あまりの一大名に転落する（そうではない、大坂の陣までは江戸と大坂、二つの公儀があったのだ、という「二重公儀体制」説には賛成できません)。自身は広島五十万石の大大名になる。この結果に正則は「よっしゃ!」と手応えを感じたか、「こんなはずじゃなかった」と茫然《ぼうぜん》としたか。ぼくは前者だと思います。

正則は新しい領地に入部すると、早速巡見をし、検地を実施しました。収穫高を確定し、そのデータをきちんと公開して税を平等に設定した。領内の寺社には保護の手をさしのべ、有名な厳島神社の『平家納経』の修理も行っている。こうした施政の姿勢(ダジャレか!)を見るに、彼はやっぱり単細胞なんかじゃない。できる男なんです。領内の西部には巨大な亀居城(広島県大竹市)を築いて、毛利氏の東進に備えた。自領を防衛する気もマンマンです。すごく前向きで、豊臣家の衰退を憂慮して落ち込んでいるイメージは感じられません。

ただし、江戸時代の正則の行動の中で、暗いイメージがつきまとうものもある。後継者の一件です。彼は甥《おい》(姉の子)の正之を養嗣子《ようしし》にしていて、関ケ原前夜には正之と家康の養女・満天《まて》姫(実父は家康の異父弟)の縁組を行いました。ところがやがて実子である忠勝に跡を継がせたいと考えるようになり、「乱行を行うなどして狂疾《きょうしつ》である」と幕府に虚偽の報告をして正之を幽閉してしまいます。その上で餓死させて、忠勝を後継者とした、というのです。

この話のおかしな点は、正之の縁組があった慶長四（一五九九）年に、既に忠勝が生まれていたことです。実子かわいさに正之を排除したというのなら、徳川家と縁を結ぶ時点で、なぜ対象を忠勝にしなかったのか。徳川家からやってくる姫は、どのみち養女です。満天姫（縁組時に十一歳くらい）にこだわる必要はない。だから当時二歳の忠勝と夫婦になっておかしくない、たとえば五歳くらいの姫を家中で探すことはできたはず。それをしなかったということは、正則は縁組時点では、実子を差し置いて、正之に跡を継がせようと本気で考えていたんじゃないか。

そう考えると、家康の養女たる満天姫をないがしろにできるはずはないので、「正之は病気」というのは、案外ホントのことだったのかもしれません。いやいや、違うかな？　時がたち、忠勝が成長するにつれ、やっぱりこの子を後継者にしたいなあ、という思いが強くなったと解釈する方が自然なのかな。もしそうだとすると、慶長十二（一六〇七）年の正之廃嫡（その翌年に正之死去、満天姫と福島家との別れ）の決断こそは、正則のその後の命運を定めた事件だった可能性があります。

秀頼への気遣いと「公儀」への義務

さて、福島正則です。江戸幕府が開かれたあとも、彼が豊臣秀頼のことを気遣っていたことは疑いのないところでしょう。

たとえば慶長十三（一六〇八）年、秀頼が病を患うと、正則は見舞いに大坂城へ駆けつけている。同十六年三月に徳川家康と秀頼が二条城で会見を行ったときには、家康が大坂に来るべきだと主張した淀殿を加藤清正や浅野幸長とともに説得し、秀頼の上洛を実現させました。これも秀頼の御身大切を願っての行動に違いない。

でも、そうしたことと、システムとしての「主従制」とは別の話です。あとで出てくる幕府旗本の花房氏は宇喜多家の旧臣で、宇喜多秀家が流されていた八丈島にずっと物資を送っていた。でも花房氏の主人はあくまでも徳川将軍家なのです。また、へんなたとえですが、明治天皇の死に殉じた乃木希典大将。司馬遼太郎は、乃木は心中では、天皇の従者と自らを位置づけていたのだろう、と推測している。ぼくも賛成ですが、この時代には「雇用関係」や「上司・部下の関係」はあっても、もはや「主従制」はない。乃木の想《おも》いは、あくまでも彼の心中でのことなのです。

ですから、ぼくは「二重公儀体制論」が理解できない。大坂の陣までは江戸と大坂、徳川と豊臣。公儀は二つあったというのがこの議論なのですが、「プライベートとおおやけ」は分けて考えなくてはならない。従者は主人に戦いへの参加など、命を賭けての奉公をする。主人は恩賞（主に土地）を以てそれに報いる。かかる社会契約が「主従制」です。そして、すべての武士を理念的に従者として編成する存在が将軍であり、公儀なのです。正則は個人として秀頼を大事にしていますが、もはや「豊臣の従者」ではないのです。

その現れとして、大坂の陣が起きたときに、秀頼に加勢を求められ

◆幕府に〝異動拒否〟した津軽信枚

藩祖・津軽（大浦）為信の三男。もとはキリスト教の信者であった。慶長十二（一六〇七）年、兄や父の相次ぐ死により家督を継承した。家督相続のお礼言上（ごんじょう）に江戸へ赴いた折、天海に弟子入り。天台宗の教義を熱心に学び、藩内に天台宗寺院を建立して布教に尽力した。津軽藩の江戸藩邸は、天海のいる上野寛永寺そばに設けられた（模本、東京大学史料編纂所蔵）。

ても正則は拒絶せざるを得なかった。徳川幕府に出仕する現役の大名は誰一人、大坂方に与同《よどう》しなかった。彼らに領地を与えているのは徳川将軍家なのですから、その旗の下に参陣するのが従者としての義務なのです。この実に単純明快な事実は、何よりも雄弁に「二重公儀体制」を否定すると思うのですが、どうでしょうか。

元和五（一六一九）年、台風による水害で破壊された広島城を無断修繕した、と正則は幕府に咎《とが》められます。この一件の経緯はそれなりにあるのですが、方広寺の鐘銘《しょうめい》事件と同じで、要するに「幕府の言いがかり」だと思います。正則は左遷、失脚。その結論が先にあって、幕府は難癖をつけた。同じ外様の黒田藩や伊達藩では、大規模なお家騒動が起きたけれども、取りつぶしも左遷も免れている。それと比べると、正則は徳川家にとって、第一等の危険人物と見なされていたのでしょう。

正則はいろいろと対応はした（幕府の真意を悟り、時に反抗的な態度もとっている）ようですが、やがて将軍・徳川秀忠の上使として牧野忠成と花房正成（先述した宇喜多旧臣）が江戸の正則の屋敷に派遣され、安芸・備後五十万石から信濃国川中島四郡中の高井郡と越後国魚沼郡の四万五千石（高井野藩）に減転封を命じられました。移封後、正則は嫡男・忠勝に家督を譲り、隠居しました。翌年には忠勝が早世したため、二万五千石を幕府に返上。寛永元（一六二四）年、高井野（長野県高山村）で波乱に満ちた生涯を閉じました。六十四歳でした。

正則は川中島に移されたのですが、このとき津軽へ、という話もあったようです。弘前藩は四万五千石。ちょうど数字はあってますね。けれども弘前藩がよそ（移転先はまだ決定していなかったとも、越後ともいわれています）へ行くのを渋った。父祖の地を離れたくなかったわけです。時の藩主、津軽信枚《のぶひら》は幕府の黒幕、天海僧正と親しく、そのラインから嘆願したらしい。それで正則の移る先は、川中島になった。

ここでおもしろいのは、津軽信枚の夫人が満天《まて》姫であったこと。つまり、正則の養嗣子であった正之の奥さんだった人です。正之が廃嫡されて亡くなったあと、姫は正之との男子を連れて実家に帰りました。このとき十九歳くらいです。その後、六年ほどたって、天海が仲立ちして津軽信枚のもとに再嫁していたのです。彼女の話はまことに興味深いので、次項に。

わが子の幸せより「婚家ファースト」

ぼくはともかく母親が大好きな子供でした。だから、仙台藩のお家騒動に取材した歌舞伎『伽羅先代萩《めいぼくせんだいはぎ》』の政岡《まさおか》が大嫌いでした。作中で政岡は幼い主君に乳母として仕えていて、幼君の毒殺を阻止するために、同年代のわが子を犠牲にするんですね。冷静に考えれば「義理と人情の板挟み」という歌舞伎のメインテーマに則した人物造形なのですが、母と子の絆は他の何よりも強いと信じていた幼い頃のぼくには、彼女の行動はとんでもなくショッキングで、受け入れがたかったのです。

何でこんな突拍子もない話で本項を書き始めたかというと、前項でお話しした津軽家の満天姫《まてひめ》に、似たようなエピソードがあるからです。彼女は福島正則の養嗣子・正之の妻でしたが、正之の早世後、一子を連れて実家に帰り、やがて弘前藩主の津軽信枚《のぶひら》と再婚しました。このとき彼女の子も弘前に迎えられ、藩の家老・大道寺直英（北条氏の重臣、大道寺政繁の養子）の養子となり、大道寺直秀を名乗りました。

寛永元（一六二四）年、福島正則が信濃・高井野で死去。このとき没後の手続きに不備あり、とされ、高井野藩二万石は改易されました。何だかこのあたりにも「幕府の言いがかり」が感じられますね。でもさすがに哀れに思ったのか、幕府は正則の遺児の正利に三千石ほどを与え、旗本として福島家を存続させました。一方、この状況を弘前から見ていた直秀は、我慢できなくなったらしい。自分は神君・家康の、義理とはいえ孫にあたる（実母の満天姫は家康の養女）。しかも父は正則の本来の後継者の地位にあった。福島家の真の当主は、自分をおいて他にないじゃないか、と考えたのです。

◆三成の孫、津軽信義

津軽信義（一六一九～五五年）。信枚の子で、弘前藩第三代藩主。石田三成の血を引く。藩政においては治水工事、新田の開発、鉱山の開鉱、牧場の開設など多くの功績をあげた。文化人としても卓越していた。半面、強情で気性が荒く、〝じょっぱり殿様〟の異名で呼ばれた。私生活では、二十五男二十六女（一説では男女合わせ三十八人）という多くの子女をもうけた（模本、東京大学史料編纂所蔵）。

　寛永十三（一六三六）年九月、直秀は江戸に上って幕府に訴え、自身の手による福島家の再興を図ろうとします。その旅立ちに際して母親

（満天姫）のもとを訪ね、暇《いとま》を乞うた。その直後、直秀は急死しました。『大道寺家譜』は、満天姫から与えられた杯を飲み干したあとに苦しみだし、ついに絶命した、と記します。どこまで信用できる話か分かりません。ですが、直秀の行動は津軽家に害をなす可能性が大いにある、と判断した満天姫は、実子を犠牲にすることで家を守ったといわれるのです。

満天姫をめぐっては、もう一つ実に興味深い話があります。彼女が慶長十八（一六一三）年に津軽家に嫁いだとき、夫となる信枚には既に正妻がいた。なんとその女性、辰姫は石田三成の娘だったのです。家康の養女と刑死した三成の娘。この時期にどちらが重んじられたかは明白です。信枚は辰姫を側室に格下げし、満天姫を正室として遇した。

いや、本来はそれでも不十分でしょう。幕府の機嫌を取るには、辰姫を離縁してしかるべきです。でも信枚は彼女をとても愛していたようで、別れなかった。群馬県の太田市に津軽家の飛び地があったので、そこに彼女を住まわせ、参勤交代の時だけ、この屋敷を訪れた。まるで彦星と織姫ですね。二人の間には元和五（一六一九）年に男児が生まれた。満天姫も翌年、男児を出産した。普通に考えれば満天姫が産んだ子が嫡子となり、次の藩主になるところです。ところが信枚は辰姫が産んだ子を跡継ぎにしたいと言い出した。

この信枚の判断は、全くわけが分からない。弟であっても、正室の子が嫡子になる。これはよくあることです。しかも正室は家康の養女。さらに側室は、あの石田三成の娘。にもかかわらず信枚は辰姫が産んだ信義を後継者に指名し、幕府もそれを認めた。びっくりです。満天姫は自分の子（信英。のち幕府旗本に取り立てられる）がいるのに、その子を差し置いて信義の藩主就任を容認した。

なぜ満天姫は、自らの子を藩主にしなかったのか。彼女が強く主張すれば、おそらく夫の信枚は従わざるを得なかったはずなのに。福島家の跡取りとなったばかりに非業の最期を遂げた前夫・正之のことを思いだして、子供にはそんな重荷は背負わせたくないと願ったのでしょうか。それとも先述した大道寺直秀のケースと同じく、子供の幸せよりも、婚家である「津軽家」を第一に考えたのでしょうか。もしそうならば、あの政岡のような女性が、すでに出現していたことになるのです。

新発見「オランダ史料」が示す謎

二〇一六年九月二十二日付の産経新聞によると、慶長十九～二十（一六一四～一五）年の大坂の陣について上方に滞在していたオランダ人が書き残していたことを、国際日本文化研究センター（京都市）とオランダ・ライデン大学の共同調査が明らかにしたそうです。この調査は、オランダ東インド会社の駐在員らが記した文書約五百点をハーグ国立文書館で確認し、日本語への翻訳を進めているとのこと。同文書には、夏の陣において「豊臣秀頼の数人の大名は赦免が得られると考え、皇帝（徳川家康）側に寝返るために城に火をつけたが、彼らは逃げる前に秀頼によって、城壁から落とされて死んだ」とあります。この情報を考察しましょう。

たいへんにショッキングな内容ですが、今のところ私たちは、かかる史実を把握していません。となると、（一）新事実の発見である（二）オランダ人が書き記した情報は不正確であった――このどちらかになるでしょうが、私は日本の史料群と照らし合わせて考えて、（一）は「ない」と思います。（二）とすべきです。すると問題になるのは、a、オランダ人が根も葉もないことを記した、b、オランダ人はたしかに、これに類したニュースを聞いていた――のどちらなのか、ということです。私はこれについては、bと解釈するのが自然であると思います。

「大坂方を裏切った『大名』」。まず、この解釈が難物です。江戸幕府が認めた大名、つまり一万石以上の領地を持っていた武士で、夏の陣の大坂城に籠もっていた人というのは見当が付かない。大坂城に入城した元・大名、を意味するのでしょうか。それならばかつて土佐一国を領していた長宗我部盛親《もりちか》がいます。大名の子供、までを含めるなら、真田信繁（幸村）、毛利吉政（勝永）が挙げられる。もちろん、

◆ 戦国伯耆の名族、南条氏

戦国時代の中期、南条宗鑑（そうかん）と名乗る医者がいた。伯耆の人で京都に学んだ婦人科の名医であり、わが国最初の婦人科専門医書『撰集婦人方（せんじゅうふじんほう）』三巻を著した。子の宗虎（模本、東京大学史料編纂所蔵）も医術に通じ、豊臣氏に招かれて医官になった。南条氏の嫡流は大坂の陣での元忠切腹により途絶えたが、宗鑑・宗虎は「宗」を通字とする点から、羽衣石南条の一族である可能性がありそうだ。

信繁の父は信濃・上田城主の真田昌幸。吉政の父は豊前・小倉城主の毛利吉成（勝信）です。

現在の研究によると、信繁は父とは別に一万石あまりを、吉政は父の六万石のうちに一万石をもらっている説もあります。これらの説の可否については私はまだ判断しかねていますが、どちらにせよ盛親や彼らが落城目前で裏切る、などという史実はあり得ないでしょう。夏の陣の開戦時点で、大坂城は堀を失い、二の丸・三の丸を破壊され（真田丸も同じく）、明らかにすでに勝負はついていた。命が惜しければ夏の陣が始まる前に、城を出ているはずなのです。実際に織田信雄《のぶかつ》、織田長益（有楽斎）などはそうしていたのですし。

ただここで、「夏の陣で」という条件をはずして良いのであれば、該当する人が一人います。つまり、大坂城に立て籠もっていながら、裏切りを働いて、殺害された人物です。名を南条元忠といいます。

彼の父は元続といって、鳥取県湯梨浜町の羽衣石《うえし》城の城主でした。彼は中国地方の大国・毛利家と日の出の勢いの織田家、どちらにつくか悩んで、織田家を選択しました。毛利勢に攻められて城を奪われたこともありながら、しぶとく生き抜いて、ついに豊臣秀吉のもとで羽衣石城と六万石くらいの領地を得た。だが元忠の代になり、南条家の運は暗転しました。関ケ原で西軍に与《くみ》して、所領を没収されたのです。元忠は浪人生活の末、大坂城に入城しました。羽衣石城を何としても、取り戻したかったのでしょう。

その元忠の気持ちにつけ込んだのが徳川家康でした。家康は「裏切りなさい。そうすれば伯耆国をやろう」と持ちかけた。元忠はこれに乗ってしまいましたが、大坂方はすぐに察知。捕縛して、切腹を命じました。冬の陣の後半、慶長十九年十二月三日のことでした。

この日に徳川・豊臣の和睦交渉が始まり、二十日に停戦と和睦が成立した。時期を考えると、家康はかりそめの和睦に向けて、精度の高い豊臣方の情報が欲しかったのでしょう。伯耆一国は過分でも羽衣石城を返す、くらいの約束があってもおかしくはない。ただし、くり返しますが、それはオランダの史料が言うような夏の陣のときの話ではないのです。

次項もテーマは「大坂方を裏切った『大名』」でいきます。他にどんな事例が思い浮かびますか。考えてみてください。

大坂方を裏切った「大名」

大坂夏の陣に際して、日本に滞在していたオランダ人が、「豊臣秀頼の数人の大名は赦免が得られると考え、皇帝（徳川家康）側に寝返るために城に火を付けたが、彼らは逃げる前に秀頼によって、城壁から落とされて死んだ」と伝えています。

これはあくまでもオランダ人が落城直後に伝え聞いた情報であって、ただちにこうした歴史事実があった、と決めつけることはできません。でも、かかる情報が生まれる何らかの動きはあったのだろう、と私は推測するわけです。一例は裏切りを画策して失敗した元大名、南条元忠。このほかにどんな事例があるか、考えてほしい、というのが前項での課題でした。いや、これは難しいですね。

「大坂方を裏切った『大名』」。「大名」を高禄取り、というふうに解釈するのなら、私は七手組に注目したい。七手組というのは、豊臣秀吉によって創設された豊臣氏の親衛隊で御馬廻七頭《おうままわりしちがしら》ともいわれました。秀吉は約一万の精鋭を七つの部隊に分け、自身の身辺警護にこの部隊を用いました。部隊長である七人の組頭は、おおむね一万石程度の所領をもらっていたのです。

秀吉死後は秀頼に仕えた「七手組頭」を列挙すると、速水守久を筆頭として、青木一重《かずしげ》・伊東長実《ながざね》・堀田盛高・中島氏種・真野頼包《よりかね》・野々村幸成（この人の娘は、宮下英樹氏の漫画『センゴク』主人公、仙石ゴンベエこと秀久の正室）となります。

このうち大坂落城とともに討ち死にを遂げたのは、速水、堀田、中

◆ 七手組頭の娘婿だった『センゴク』主人公

仙石秀久（一五五二～一六一四年。模本、東京大学史料編纂所蔵）。通称は権兵衛。早くから羽柴秀吉に仕え、四国の長宗我部討伐の後に讃岐に十万石を与えられる。しかし九州征伐に従軍して失敗し、所領を失う。のち小田原攻めに従軍して活躍、徳川家康の後援もあり、小諸五万石の大名に返り咲いた。正室は七手組頭・野々村幸成の娘。

島、野々村の四人。ん？　秀頼に近侍していたのに、一緒に死んでないの？　そうなんです。しかも残る三人のうち、青木と伊東の動静は、いかにも怪しい。怪しすぎるのです。

まず、青木一重。彼の家はもともと美濃の武士でしたが、一族から離れ、駿河の今川氏真に仕えました。それから桶狭間の戦いの後に、織田信長と結んだ徳川家康が今川氏を圧倒し始めると、徳川家にくら替えします。姉川の戦い（織田・徳川連合軍VS朝倉・浅井連合軍）では、家康の家臣として奮戦しました。豪刀「太郎太刀」をふり回していた朝倉家随一の勇士・真柄《まがら》十郎左衛門（直隆）を討ち取ったのは彼だ、といいます（『信長公記』）。

ところが、そんな手柄を立てながら、なぜか徳川家を出奔。信長の重臣だった丹羽長秀に仕えました。秀吉が天下人へと駆け上っていく天王山の戦い、賤ケ岳の戦いなどでは丹羽家の部将として参加。長秀が亡くなると丹羽家を離れ、秀吉に仕えて一万石を与えられました。このあたりの動きは、茶人・作庭家としても有名な上田重安（剃髪《ていはつ》して宗箇《そうこ》）と重なります。ただし、秀吉はその死に至るまで、十年以上にわたって一重に加増を与えませんでした。直臣に取り立ててはみたものの、秀吉は実は彼を評価していなかったのかもしれません。

秀吉が没すると秀頼に仕えて、七手組の組頭の一人になったのですが、彼が大坂城で戦ったのは冬の陣まで。冬の陣のあとに城を出て、剃髪して隠棲《いんせい》しました。すると、家康はこれを召し出して、摂津・麻田藩の藩主として取り立てた。一万二千石。青木家はこのあと、幕末まで続いていきます。

こうした状況を見てみると、この人はもしかしたら、徳川方のスパイだったのかもしれません。もともと徳川家にいたのだし、秀吉からさほどの厚遇を受けていないし。ぴったりといえなくもない。オランダ史料がいう、夏の陣での裏切りではないのですが、豊臣家の家臣の大名、というところには合致します。

あ、青木の次には伊東に言及しようと思ったのですが、本項ではスペースがなくなってしまいました。伊東の生涯も面白いので、次項でご紹介いたしましょう。

大坂落城後に誰が得をした？

まだしつこく、オランダ人が聞いた「噂話」です。大坂落城当時、上方に滞在していたオランダ人は、次のような話を聞いた。(一)「落城に際して、すなわち大坂夏の陣の最終局面で」(二)「豊臣陣営に属する大名が」(三)「裏切り行為を働いて」(四)「逆に大坂方によって殺害された」。

オランダ人がわざわざウソをつく必要はないので、彼がこうした話を聞いたことは間違いではないと思われる。けれども、それはあくまでも「噂話」＝風聞であって、史実とはかぎらない。実際に(一)から(四)まで、すべてを満足させるような人物は、今のところ見当たらないのです。

そこで、前々項では、(二)と(三)と(四)を満たす人物として、南条元忠を取り上げました。前項では(二)と(三)に当てはまる武士として、青木一重《かずしげ》を紹介しました。そうしたら、文章を読んだ友人から「一重は戦死してないじゃないか」と文句を言われました。だーかーらー、(一)から(四)、全部に該当する人はいないんだって。部分的にでも当てはまる人を、苦肉の策として探しているんだってば。というわけで、本項でも（二）と（三）に当てはまる武将を。豊臣秀頼の親衛隊、七手組の組頭の一人、伊東長実《ながざね》がその人です。

長実は尾張の武士。織田信長に仕え、羽柴秀吉の組下に配されました。秀吉の馬廻《うままわ》り、黄母衣衆《きぼろしゅう》の一人として各地を転戦。同じく黄母衣衆だった神子田《みこだ》正治の娘を妻に

◆ 尾張以来の部下を重用した秀吉

中村一氏（かずうじ・？～一六〇〇年）。伊東長実と同じく、一氏も早くから秀吉に仕え、賤ケ岳の戦いの後に和泉・岸和田三万石の城主となった。天正十三（一五八五）年、近江水口六万石に転じた。小田原征伐においては豊臣秀次隊の先鋒（せんぽう）を務めて、山中城攻めで多大な功を挙げた（第6章で紹介する一番槍（やり）の渡辺勘兵衛は、彼の家臣であった）。戦後、関東に移封された家康の抑えとして、駿府十四万石を拝領した（模本、東京大学史料編纂所蔵）。

迎えています。神子田は秀吉の古くからの部下でした（羽柴四天王の一人）が、尊大な性格ゆえに（どこまでが真実かは不明）秀吉に憎まれて追放された人。先に注目された脇坂安治あての書状で、秀吉は「追放した神子田をかくまうことは許さぬ。おれは信長のように甘くないぞ」とすごんでいましたね。

秀吉の小田原攻めにおいては、山中城の戦いで勲功を挙げ、戦後に備中・岡田一万三千石を与えられました。岡田は現在の岡山県倉敷市真備《まび》町の岡田です。実はこの地は、推理小説で一世を風靡《ふうび》した横溝正史氏と深い関係にあります。横溝氏とその一家は、太平洋戦争末期の昭和二十年四月に東京を離れ、真備町岡田村字《あざ》桜に引っ越したのです。

作家の同地での生活は三年半に及びましたが、その間に『本陣殺人事件』『獄門島』『八つ墓村』など多くの名作が生み出されました。そこには地区の人々との交流のうちに取材された農村の因習、農民・漁民の生活の様子が取り入れられています。あの金田一耕助の誕生も、岡田村において。横溝氏の日記によると、昭和二十一年四月二十四日、昭和随一の名探偵は、良き相棒の磯川警部とともに『本陣殺人事件』に登場したのでした。

あ、伊東長実でしたね。長実はこの後、七手組の組頭になりましたが、加増はなし。

秀吉の馬廻りを務めています。関ケ原の戦いに際しては、石田三成の挙兵をいち早く徳川家康に通報。家康の信頼を獲得しました。大坂の陣では秀頼の親衛隊長の一人として家康に敵対するものの、大坂城落城後はとがめを受けず、岡田領は大半が安堵《あんど》されます。ということは、せっせとスパイ活動に従事していた可能性が高い。大坂城内から情報を徳川方に流していたに違いない。長実は（二）と（三）を満たしている。落城時に裏切りが発覚したのなら（一）もＯＫ。でも、一説によると冬の陣の前に高野山に退いていたともいいますので、（一）は保留かな。（四）は当てはまりません。

岡田の伊東家は一万石あまりの外様の小大名として、転封もなく、明治まで続いていきます。維新後は子爵を賜り、華族に列せられました。

ということで、次項では、七手組の青木・伊東の話を踏まえて、秀吉家臣の序列についての一考察、ということにいたしましょう。

豊臣政権の「大名」は江戸期と違う？

オランダ人が聞いた話。（一）「大坂夏の陣の最終局面で」（二）「豊臣陣営に属する大名が」（三）「裏切り行為を働いて」（四）「逆に大坂方によって殺害された」。ぼくは（二）を中心に考察を展開してきたのですが、とんでもない間違いを犯していたのに、その後、気がつきました。何でこんな初歩的なミスをしたのだろう。

それは何かというと、江戸時代の「大名」概念を、（一）の段階において、無批判に用いてしまったこと。「一万石以上を領している（あるいは、領していた）武士が大名である」という定義に安易に寄りかかってしまった。いや、これは大失敗ですね。（一）の時期（則《すなわ》ち、江戸時代初期）に、そうした定義が既に定着していたかどうか、今のところ、不明と言わざるを得ない。

大名を江戸時代的な概念として捉えたときに、（一）～（四）すべてを満たす人はいない。ならばここでいう「大名」は、もっと広く「多くの所領をもっている（あるいは、もっていた）武士」くらいの意味だったかもしれない。そうすると、（一）～（四）を満たす人を探し出せる可能性が出てくる。

もう一つ付け加えるなら、それがもともとオランダ語の何という言葉だったのか。これも確認しなくてはなりません。大名と訳すのが適当か否か。翻訳の問題ですね。その確認も怠っていた。猛省が必要です。

◆利休七哲の大名茶人、忠興

細川忠興（一五六三〜一六四六年）。豊臣政権下では丹後・宮津城主。関ケ原の後、豊前・小倉三十九万石を領し、さらに肥後・熊本五十四万石に移る。正室は明智光秀の娘・玉子（ガラシャ）。室町幕府の管領を務めた細川家の支流の出身で、将軍・足利義昭追放後は長岡氏を称し、大坂の陣後に細川氏へ復した。茶人としても有名で、利休七哲の一人に数えられる（模本、東京大学史料編纂所蔵）。

それでも、今までの作業を通じて、おぼろげながら見えてきたことがある。それは、豊臣政権下での武士の序列です。官途（中納言とか侍従とか）でそれを行う研究は、国学院大学の矢部健太郎先生が精力的に展開している。ぼくが言うのはそれではなく、もっとざっくり、領地の多寡による分類。江戸幕府は一万石以上を大名、それ以下を旗本・御家人とした。大名の種別としては親藩・譜代・外様がありり、参勤交代をする。旗本・御家人は基本的に江戸に住む。では豊臣政権ではどうか。

豊臣大名には三種類がいます。（A）徳川・毛利・上杉のように、もと戦国大名だった者。（B）前田・池田・細川のように、織田家の家臣だった者。（C）石田・加藤・福島のように、秀吉子飼いの者。けれども、（A）（B）（C）をピタリと指し示す呼称は見当たらない。

領地の規模についてもきちっとした線引きはなく、一万石以上は大名、などの定めは実はないのではないか。そうなると、以前に紹介した青木一重《かずしげ》や伊東長実《ながざね》は、江戸時代的な大名なのかそうじゃないのか、あやふやになります。一万二千石とっている人と八千石の人と。徳川政権下では両者は明らかに別のカテゴリーに属していた。では豊臣政権下ではどうだったのか。実はたいした差異はなかったのでは、とぼくは思うようになりました。

たとえば利休の七人の高弟、利休七哲。このうち蒲生氏郷・細川忠興・高山右近、これはまちがいなく「大名」でいいでしょう。伊勢・岩出城二万石の牧村利貞はうーん、ぎりぎり大名なのかな。古田織部は山城・西岡三万五千石の大名ということになっているけれど、ぼくは本当かな、と疑っています。そんなにもらっていなかったんじゃないかな。芝山監物は一万石を領したと言うけれど、持ち城の情報はない。瀬田掃部は領地の情報もない。

彼らは何と呼ぶべきか。江戸時代の旗本に通じる「馬廻り」の呼称こそがふさわしいのではないか。

馬廻り、がおおよその大名の下位概念として広く使えるとすると、相当に便利です。芝山も瀬田も馬廻り。古田も、もしかすると牧村も馬廻り。七手組頭の青木一重・伊東長実は当然、馬廻り。それから、大河ドラマ「真田丸」で人気を博した真田信繁（幸村）も馬廻り。（C）の連中、加藤清正や福島正則らは馬廻り出身の出世頭で、一万石前後を領するような人々は「大名」と呼ばれることもある。そうなると（一）～（四）を満たす人が見つかる可能性があるのかもしれません。

もちろん、この定義は現状、穴だらけです。これから、より細かいところを詰めていこうと思っています。

第５章　信長・信玄たちの古戦場で見えること

桶狭間の戦い そもそもの理由は?

先日、名古屋で活躍している読売新聞記者、岡本公樹さん(著書に『東北 不屈の歴史をひもとく』講談社、などがある)と小旅行をしてきました。その時のお話を。

ぼくたちがまず向かったのは、織田信長と今川義元が戦った桶狭間です。戦いの舞台になった今川方の鳴海城とそれに対抗する織田方の丹下・善照寺・中島の砦《とりで》。また、やはり今川方の大高城と織田方の鷲津・丸根の砦。それから桶狭間古戦場址《あと》をめぐって、戦いに思いをはせたのです。

桶狭間の戦いについて画期的な言及をされたのは、藤本正行さんでした。藤本さんは『信長公記』をしっかり読めば、信長の今川軍への攻撃は、定説になっていた「奇襲」ではありえない。信長は今川本隊に正面から戦いを挑んで勝利した、と説かれました。この説が出てから色々な方が桶狭間の戦いの再検討を始めたのですから、藤本さんの功績はまことに大きなものです。

藤本さんは『信長公記』をしっかり読め、といわれる。それは全く正しい。ただし太田牛一が書いたこの史料は他と比べてはるかに良質なのですが、もちろん絶対ではない。たとえば今川軍の軍勢です。四万五千人と書いてある。これはどう見ても多すぎる。普通は戦前の帝国陸軍参謀本部編纂《へんさん》『日本戦史　桶狭間役』にある「二万五千」説をとるわけです。

けれども、この数すら多すぎるかもしれない。今川義元がかりに駿河・遠江・三河

◆ 桶狭間と前田利家

前田利家（一五三八〜九九年）は、はじめ信長の小姓として仕え、元服後は馬廻（うままわ）り（親衛隊的存在）に。合戦で武勇をふるい、「槍（やり）の又左」と称される。だが信長が寵愛する同朋衆（どうぼうしゅう）・拾阿弥（じゅうあみ）を殺害したため、一時出仕を止められた。そのため、桶狭間の戦いには自力で参加（陣借り、という）し、首三つを挙げたという。だがこの時点では帰参は許されず、翌年に敵の勇士を討ち取って、ようやく織田家への再仕官が叶った（模本、東京大学史料編纂所蔵）。

をがっちり掌握していたとして、この三カ国の石高は太閤検地時点で計七十万石。軍役についてはそれこそさまざまな事例の検討が必要なのですが、よく用いられる「四十万石で一万人」を基準にすると二万人を下回るわけです。

一方の信長は、とりあえず尾張の平定を終えている。尾張はたいへんに豊かな地域で石高は一国で六十万石近くある。そうすると、国内に信長に従わない勢力がまだ多くいたとしても、「信長勢二千人」はあまりに少ない気がするのです。家の命運を賭けた戦いなのですから。

いや、家の命運を賭けた、というのもどうなんだろう？　今回の見学で、ぼくが強く疑問をもったのはそこでした。そもそも今川義元はなんで大軍を催し、尾張に侵攻したか。かつては上洛が目的だったと言われましたが、それは現在ではきっぱり否定されています。では今川家の総力を挙げて、何をしに行ったのでしょうか。

一番納得できる考え方は、鳴海・大高両城の「後詰め」です。この二つの城は尾張に打ち込んだ今川方の楔であり、ここをがっちりと押さえれば知多半島に対しても支配を及ぼすことが可能になる。尾張と三河国境付近を今川領に取り込み、信長の本城である清洲城を狙う拠点とする。

けれども、そう考えると、ますます信長は「一か八か」乾坤一擲《けんこんいってき》の戦いを仕掛ける必要がなくなるわけです。知多半島をもぎ取られるのは痛い。でもこの生産力のさほど高くない地域を守るために、少数の兵で、玉砕する危険をものともせずに正面から突撃するものでしょうか。それこそ中島敦がいう「狼疾《ろうしつ》の人」（一指に気をとられて肩や背まで失うことに気がつかぬ人）ではありませんか。

狂気の信長。小説のネタとしては実におもしろいのですが、後年の彼の軍事行動――必ず敵よりも多数の兵を用意して数の力で圧倒する――からすると、首をひねらざるを得ないのです。

もう一人の「おんな城主」

桶狭間に行った翌日、私たちは車に乗って名古屋を出発。岐阜県恵那市岩村町にある岩村城に赴きました。女性城主がいた城として有名なところです。二〇一七年のNHK大河ドラマ「おんな城主 直虎」の主人公が井伊直虎（徳川四天王の一人・井伊直政の養母）でしたから、同じ女性城主として、もっと注目されてもよかった。

源平の合戦で活躍した武士に、加藤景廉《かげかど》という人がいました。源氏の家人で、一一八〇年の源頼朝の挙兵にいち早くはせ参じ、鎌倉幕府の有力御家人に名を連ねました。彼の長男の景朝は美濃国遠山荘を頼朝から賜り、遠山姓を名乗りました。これが遠山氏の始まりで、この後、同氏は戦国時代に至るまで岩村城により、周辺を治めていたのです。

岐阜県は合掌造り集落（世界遺産！）で有名な白川郷を擁する飛騨国と、司馬遼太郎『国盗り物語』の舞台となる美濃国から成っていますが、いま美濃部分の地図を広げてみると、面白いことに気がつきます。というのは、美濃武士の本場は同国の広々とした中心部（濃尾平野の一部）ではなく、南東の山あいの周辺部なんですね。愛知

（尾張）県境に近い多治見・土岐（室町時代の美濃守護家の名字の地）。長野（信濃）県境に近い中津川・恵那。中世の武士は、どちらかというと狭隘《きょうあい》な地域から出ています。

遠山氏もそうした家の一つで、最後の当主は景任《かげとう》。彼は信濃を制圧した武田信玄に従い、同時に尾張から美濃に勢力を伸ばした織田信長にも接近していきました。強大

◆ 岩村藩の大学者たち

『言志四録』で知られる佐藤一斎(一七七二～一八五九年)。この画は門人である渡辺崋山が描いたものの模写(東京大学史料編纂所蔵)。寛政五(一七九三)年に、藩主・松平乗薀(のりもり)の三男・乗衡(のりひら)が公儀儒官・林家の養子となり、大学頭・林述斎(じゅっさい)を名乗った。一斎も門弟として幕府の昌平坂学問所に入門。やがて塾長となり、述斎とともに多くの門弟の指導に当たった。

な両家に属していたわけですが、これははじめ、織田家と武田家が同盟していたから可能だったのです。時期は不明ですが、景任は信長の叔母（おつやの方、と呼ばれる人）を妻として迎えました。また彼の姪《めい》が信長の養女となり、信玄の子である勝頼（後に家督を継ぐが、まだこの時は庶子として遇されていた）に嫁いでいます。

元亀二（一五七一）年、景任が病没すると信長は五男の坊丸（のち織田勝長）を遠山氏の養子としました。織田・武田両家はすでに同盟を破棄しており、両者の勢力がせめぎ合う岩村城は、戦略的価値の高い城として認識されたのでしょう。景任未亡人は幼少の養子に代わり、実質的な女城主として振る舞いました。

翌年十月、信玄は遠江の徳川家康を攻撃するために出陣し、同時に信濃の伊那郡を任せていた秋山虎繁《とらしげ》（大島城主。かつては信友という名で認識されていた）に岩村城の攻略を命じました。岩村城はなかなか落ちませんでしたが、虎繁はおつやの方を説得し、妻に迎える（否定する説あり）ことを条件に城兵を助け、城を占拠しました。

天正三（一五七五）年、長篠の戦いでの勝利を受けて、信長は岩村城奪還を計画しました。両軍の五カ月にわたる戦闘の後、武田勝頼の後詰が間に合わず、城は陥落しました。城主である秋山虎繁とおつやの方は、長良川河川敷で処刑されたといいます。信長はおつやの方の行動を、裏切りと見ていたのでしょうね。

このあと、信長配下の河尻秀隆や森蘭丸の森一族などがこの城を獲得しますが、江戸時代には松平（大給《おぎゅう》松平）氏が城主であった時代が長くあります。石高は三万石ほどなのですが、今に残る石垣は、それはそれは見事なものです。大名権力の強大さ、ということを思わずにはいられません。

最後に付け加えておきますと、明治から大正期にかけて活躍した女子教育の先覚者、下田歌子は岩村藩士の娘だったのですね。それから、佐久間象山、渡辺崋山《かざん》、横井小楠《しょうなん》らを育てた儒学者、佐藤一斎も岩村藩の家老の息子。同藩の教養の高さを確認することができます。

本当に「おんな城主」はいたのか

二〇一七年の大河ドラマは「おんな城主 直虎」でしたね。初めに誤解のないように申し上げておくと、大河ドラマは、歴史を素材として用いるけれども、あくまでもドラマであり、エンターテインメントです。堅苦しい歴史の再現フィルムではない。だから視聴者が納得できれば、フィクションが盛り込まれても何ら問題ない。ぼくはそう思っています。

ただ、歴史研究者として、井伊直虎という人物に興味はある。それから、三回くらいかな、雑誌のインタビューを受けたのですが、ぼくの考えがきちんと伝わっているかというと、疑問がないわけではない。そこでこの項では、直虎は歴史研究からするとどういうふうに見るべきなのかを書いてみたいと思います。

「歴史学」が、何より大切にすべきは仮説や解釈のもとになる「根拠」です。つまり「ウラを取る」ことです。なるほど、この確実な歴史資料にこうあるから、史実はこう復元できるのだな。その積み重ねが全体の歴史を形成する。では直虎の物語の根底にある史料は、というと、『井伊家伝記』という本になります。享保十五（一七三〇）年に成立したもので、著者は井伊谷《いいのや》（現浜松市北区）の龍潭寺《りょうたんじ》の住職である祖山というお坊さん。

彦根の井伊家は、皆さんご存じの通り、譜代大名の筆頭です。幕府の大老を輩出するたいへんに有力な家。一方、龍潭寺は直虎の父である直盛の菩提寺《ぼだいじ》ですが、井伊家が遠江国を去って百五十年あまりすると、両者の関係は当然薄れていく。そこでお寺としては、井伊家とウチはこんなに深い関係にあるのですよ、平安時代から仲良しなんですよ、とアピールしたい。そうした目的でまとめられたのが『井伊家伝記』なのです。だから、

◆井伊直虎の養子、直政

井伊直政（模本、東京大学史料編纂所蔵）は、直虎が養母として育てたという。徳川四天王の一人に数えられ、家康に重く用いられる。家康が関東に移ったときには家臣団中でもっとも石高の大きな箕輪（のち高崎）十二万石を与えられ、関ケ原合戦の後には彦根十八万石に移される。軍事や政治の他、外交にも優れた手腕を発揮した。

その史料的な価値は残念ながら高いとはいえません。創作が混入している前提で読まねばならない。

その『井伊家伝記』は次のように語ります。天文十三（一五四四）年に直虎の許嫁《いいなずけ》だった井伊直親の父・直満が今川家への謀反の疑いをかけられて自害させられた。直親は身の危険を感じて信濃に逃亡した。直虎は龍潭寺で出家し、次郎法師という出家名を名乗った。

さて、ここでいよいよ次郎法師が登場するわけですが、ぼくはこうした僧名、まして尼さんの名前を他で見たことがない。平安貴族が「麿《まろ》の名は藤原ゴンベエでおじゃる」と自己紹介したら違和感ハンパない。あなたニセモノでしょう、となりますが、それと同じ。

直虎にはもう一つ、祐円《ゆうえん》という出家名が伝えられています。直政を守り育て、徳川家康のもとに出仕させた後、再び尼に戻ったときに名乗ります。こちらは納得できる。龍潭寺には「妙雲院殿月船祐円大姉《みょううんいんでんげっせんだいし》」という戒名が刻まれた位牌《いはい》があって、そこには「直盛の娘」という説明も付いてる。それから、最近になって龍潭寺の塔頭《たっちゅう》である妙雲寺（今は無住の寺）でも位牌が見つかり、そこにも同じ戒名が刻まれていました。

このことから、井伊直盛の娘に「妙雲院殿月船祐円大姉」の戒名を持つ人がいたことが証明できます（その人が直虎その人かどうかは、何の証拠もないのですが）。

戒名と法号には一定の決まりがあります。武田信玄の戒名は「法性院《ほっしょういん》機山信玄大《だい》居士《こじ》」。上杉謙信は「不識院殿真光謙信大居士」。黒田官兵衛は出家して法号が如水《じょすい》。戒名は「龍光院殿如水円清大居士」。法号が有名というと細川藤孝ですか。法号は幽斎で戒名は「泰勝院殿前兵部徹宗玄旨幽斎大居士」。その子の細川忠興は法号が三斎。戒名は「松向寺殿前参議三斎宗立大居士」。生前に名乗っている法号は、必ず戒名に取り込まれるのです。

そうすると、位牌に記された戒名から、井伊直盛の娘に生前「祐円」を名乗った女性がいる、ということは証明できる。それから位牌の記述から、彼女が天正十（一五八二）年八月二十六日に亡くなっていることはほぼ確実。では『井伊家伝記』が説く「次郎法師」という人物はいたのか、いなかったのか。また、いたとすればどんな人だったのか。次項ではそれを、より確実な史料から探っていきましょう。

実は生年が通説と大きく違う⁉

論文じゃないんだから、考察を楽しんでないで結論を早く！　と新聞連載時、担当U氏に怒られましたので、スピード重視でいきます。まず、二〇一六年末に提起された「井伊直虎＝男性説」について。傾聴すべき主張ですが、ぼくは今のままでは論争は行き詰まってしまう、と危惧しています。というのはこの説の根拠史料が、『井伊家伝記』と同様、「後の世」に作られた「編纂物《へんさん》」であるからです。Aを論破するには、同じ性質のBでは不足です。結局は水掛け論になる。誰が見てもAを凌駕《りょうが》する品質のCを持ってこなくては。本件においてCとは、井伊直虎と「同時代」の「古文書」に他なりません。

井伊直虎関連の古文書は極端に少ない。でもそれだけに、現存するものは注意深く読まねばならない。まず、『龍潭寺文書《りょうたんじ》』中の永禄八（一五六五）年九月十五日付の『次郎法師の黒印状』です。これは「次郎法師」という人物が差出人となって、井伊《いの》谷《や》龍潭寺の利益を保証する文書。ということは、次郎法師は同寺周辺の土地を実際に支配している人、つまりは井伊家当主と考えられます。それから同性格の他の膨大な古文書との比較が根拠になりますが、権力をもつ次郎法師は僧侶ではない。よほどの特例でない限り、俗人です。次郎法師なんて尼僧の名は聞いたことがない、という前項での指摘を裏付けるかたちになります。

次に注目すべきは、次郎法師が花押を書いていないこと。花押＝サインは、文書の中で、差出人が必ず自筆で書くべきもの。それがない。同寺の文書を見ると、直虎の父である直盛たちは、黒印を押し、花押を書く。ところが次郎法師は黒印のみ。この事態を古文書学的な見地から説明すると、ズバリ、次郎法師は子供である、ということになります。

◆井伊家の基盤を固めた直孝

井伊直孝（模本、東京大学史料編纂所蔵）は、直政の子。第二代彦根藩主。直政には直勝という長男がいたのだが、彼は病弱を理由に上野・安中三万石に移された。彦根は弟の直孝が継ぎ、井伊家をさらに躍進させた。彦根で繁栄した家臣たちの中核は直政時代に家来となった武田の遺臣で、井伊谷以来の家来たちは、実は安中に左遷されたという。

すると、次郎法師という名前も初めて説明できる。これは幼名なのです。たしかに「〇〇法師」という幼名は他でも見ることができる（例えば信長は吉法師）。

現状では井伊直虎は天文五年、一五三六年前後に生まれたのでは、となっています。これは計算があわない。お父さんの直盛は一五二六年の生まれだから、彼が十歳の時に直虎が生まれた？　さすがにヘンだろう。そこで文書を見ると永禄八年にまだ成人していない（一般に成人は十五歳前後）。かりに十三歳だとすると、次郎法師は一五五三年生まれとなり、直盛が二十八歳の時の子。これなら無理がない。

さて次がいよいよ『蜂前《はちさき》神社文書』の永禄十一年十一月九日、徳政の実施を命じる文書です。関口氏経と井伊直虎が連署して出している。「直虎」の名が明記され、花押が分かる唯一のもの。署判の右上には小さな字で「次郎」とある。

『蜂前神社文書』にはこの徳政令が出される経緯を説明する文書が数点あり、それを読むと井伊次郎は井伊谷を治める領主であることが分かります。永禄八年に井伊谷を治める「次郎法師」がいて、三年後に「次郎直虎」がいる。幼名がそのまま通称に移行することは普通はないのですが、両者が別人である可能性はもっと確率が低いでしょう。ぼくは次郎法師が元服し「井伊次郎」、すなわち直虎になったと考えるのが自然だと思います。

以上、古文書から分かることをまとめます。井伊直盛には二十八歳ごろに誕生した子供がいた。その子は幼名が次郎法師。それで直盛と井伊直親が亡くなって後、次郎法師は井伊家の当主としての仕事を始める。彼は永禄十一年には元服していて、次郎直虎を名乗る。

すると、次郎法師と亀之丞（直親）が幼なじみ、ということは年齢が違うのでフィクションになる。二人が許嫁《いいなずけ》、というのも考えにくい。それから、亀之丞が井伊谷を脱出するのに伴って、直盛の娘が龍潭寺で出家して次郎法師になった、という説明も説得力がない。『井伊家伝記』の信頼性は、やはりさほど高くないのです。

さて、そこで改めて。次郎法師は実は女性だった、という説明はその『井伊家伝記』だけがしているのですが、それはどこまで信用できるのか。直虎の名は永禄十一年の文書のあとはパタッと見られなくなる。同年、小野氏によって井伊谷城は奪われたらしいし、元亀三（一五七二）年秋には武田信玄の侵攻があって、この地域一帯は占領されるわけです。このあたりとも関連づけながら、蓋然性の高い仮説を、これからも考えていきたいと思います。

家康が娘を嫁がせた「長篠城の勇者」

徳川家康はどうやら井伊家と関係が深かった築山殿を正室としています。彼女が生んだ子供は、二人。第一子が長男の信康。第二子が長女の亀姫です。彼女は永禄三（一五六〇）年、駿府で生まれました。父の家康は十八歳でした。家康のもとで成長し、十七歳の時に三河国作手の有力国人、奥平信昌のもとに嫁ぎます。

奥平氏はもともと今川氏に属していましたが、桶狭間の戦いの後に徳川家康に臣従。ところが元亀年間（一五七〇～七三年）、武田信玄が三河に進入してくると、武田氏に服しました。元亀四（一五七三）年、信玄が病死して武田家の攻勢がいったん終息すると、家康は早速に奥三河における武田氏の勢力の削減を図り、奥平氏に調略の手を伸ばします。その時に示された条件が領地の加増と、奥平家への亀姫のこし入れだったのです。家康がいかに同家を重視していたか、分かります。

天正三（一五七五）年、武田勝頼は一万五千の軍を率いて長篠城へ押し寄せました。奥平定能・信昌父子は長篠城に籠城し、家臣の鳥居強右衛門《すねえもん》に援軍を要請させて、武田軍の攻勢をしのぎました。長篠城の後詰めに来援した織田・徳川連合軍は長篠の戦いにおいて武田軍を破り、大勝利を収めたのです。

家康は、名刀・大般若長光を授けて信昌を称賛しました。また信昌の籠城を支えた奥平の重臣十二名に対してねぎらいの言葉をかけた上に、子々孫々にいたるまで彼らの家を厚遇する約束をしたのでした。そして戦後、奥平家の家督を譲られた信昌のも

◆ 鳥居強右衛門磔図

武田家家臣で後に徳川家に仕えた落合佐平次という人物が強右衛門の処刑現場にいて(当時は武田家家臣)、彼の忠義に感じ入ってその姿を描かせ、自らの旗指物として用いた。現在は東京大学史料編纂所の所蔵。ちなみに史料編纂所はこの絵を模して携帯電話ストラップを製作したが、全く売れなかった。

とに、亀姫が嫁いできたのです。

いま長篠の古戦場（愛知県新城市）に行ってみると、長篠城はよく落ちなかったなあ、という感想を持ちます。寄せ手一万五千。守備兵は五百。地形的にも武田軍が攻めあぐねた様子がなかなか想像がつきません。それでつい、妄想してしまいます。武田勝頼はわざと城を落とさなかったのではないか。後詰めの織田信長を引っ張り出して、織田と武田の決戦を仕掛けたかったのではないか。そう想定すると、長篠の戦い（設楽原）での武田隊の果敢な突撃に、簡単に説明が付くのです。

いや、でもそれは、現代人の邪推なのでしょうね。奥平家は命がけで戦った。武田勝頼も一刻も早く長篠城を落としたかった。だからこそ、勝頼は捕らえた徳川方伝令の鳥居強右衛門に「援軍は来ないぞ」と長篠城に向けて言わせたかった。そして、その意に反して「援軍はそこまで来ている。あと少しの辛抱だ」と叫んだ強右衛門は、磔刑《たっけい》に処せられたのです。奥平家中への家康の激賞ぶりも尋常ではありません。大事な亀姫を嫁がせるにふさわしいくらい、奥平信昌主従のがんばりは、広く認められていたに違いありません。

いまは刀剣ブームだそうですので、大般若長光についてもふれておきましょう。この太刀は鎌倉時代の備前長船派の刀工、長光の代表作です。室町時代に銭六百貫（一貫が今の十万円くらいなので、六千万円ほど）という破格の値が付けられたために、「大般若経六百巻」との語呂合わせで、この名前がついたといわれます。

足利十三代将軍義輝から三好長慶《ながよし》がもらい受け、やがて織田信長の手に。姉川の戦いでの働きにより信長は徳川家康に授け、ついで長篠の戦いの功として、家康が奥平信昌に与えました。その後は、信昌の末子の松平忠明が所持し、忠明の子孫が伝えて明治維新を迎えました。その後、愛刀家として知られる伊東巳代治《みよじ》伯爵が所有。伊東伯爵の死後、昭和十四年に帝室博物館（現東京国立博物館）に買い上げられました。その際に提示された買い上げ価格が六万円だそうです。つくづく「六」に縁があるのですね。現在、国立博物館所蔵で、国宝に指定されています。

乱世を生き抜いた家康長女と信長次男

徳川家康の子供たち、側室たちの話を書いていきたいと思います。

家康の長女、亀姫。この姫は永禄三（一五六〇）年六月四日、駿府で生まれました。没したのは寛永二（一六二五）年五月二十七日。先述したように家康の長女で、母は築山御前。松平信康の同母の妹になります。

亀姫が歴史に登場してくるのは、奥平信昌へのこし入れから。三河国作手《つくで》の国人領主だった奥平家は、はじめ今川氏に、ついで徳川氏に、さらに武田氏に従属していました。奥三河の地は武田領と徳川領が接する地点で、武田・徳川両氏はともに、なんとしても奥平家を従わせたい。そこで家康は領地の加増はもちろん、そのうえ奥平信昌と亀姫の婚姻を条件として、奥平家を徳川氏に誘いました。奥平家はこの好条件を受け入れ、天正元（一五七三）年、再び徳川氏に属することになったのです。

天正三年五月、武田勝頼は一万五千の兵を率い、奥平家の長篠城を包囲します。城兵は粘り強く戦い、城はついに陥落せず、後詰めに来援した織田信長・徳川家康の連合軍は武田軍を打ち破りました。これが有名な、三千丁の鉄砲が大活躍したと伝えられる「長篠の戦い」です。家康は信昌の働きを激賞し、名刀・大般若長光を与え、また翌年、亀姫のこし入れを実現させました。時に亀姫は十七歳。たしかに当時の結婚適齢期ですね。

ここからは亀姫個人というよりは、婚家の奥平家の話になります。奥平信昌は徳川

◆家康長女の娘婿、奥平信昌

もとの名前は貞昌。かつては長篠の戦いの功績を信長から激賞され、「信」の字を拝領して信昌と名を改めた、といわれていた。だが最近は、信昌の名乗りは長篠の戦い以前からのものとする説が有力である。たしかに信長が一字を与えるときは「長」を下賜するはずだから、この説は正しいのではないか（岐阜市の盛徳寺蔵）。

家康の軍事活動に従事し、家康が関東に封じられた天正十八（一五九〇）年八月、上《こう》野《ずけ》国甘楽《かんら》郡に三万石の所領を与えられています。長女の婿なのに三万石。少なくないかな？　と思われるかもしれませんが、家康は何しろケチ……いやいや堅実なのです。こんなものでしょう。

この領地は普通、小幡《おばた》藩と呼ばれます。少し話がそれますが、興味深いことに、この地には江戸時代、あの織田氏が封ぜられています。信長の次男が信雄《のぶかつ》。小牧・長久手の戦いの頃には百万石を超える領地を有していた彼は、その後何度か改易《かいえき》され、大坂の陣の時には領地を全て失っていました。彼は淀殿の縁（彼のいとこに当たる）からでしょう、豊臣秀頼に仕えて大坂城内にいましたが、冬の陣の直前に城を出ます。その後、家康から再び大名に取り立てられているので、大坂方の情報をせっせと横流ししていたスパイだったのでは、と疑われています。

大坂落城から二カ月後、元和元（一六一五）年七月、信雄は上野・小幡と大和国宇陀郡とで五万石を与えられました。主要な領地は小幡の方だったようで、この地に風雅な庭園・楽山園《らくさんえん》（名前の由来は『論語』の「智者は水を楽しみ、仁者は山を楽しむ」）を造っています。

信雄はやがて四男・信良に小幡藩二万石を分け与えて、京に隠居。天寿を全うしました。隠居領であった宇陀郡の領地は、五男・高長が相続。宇陀松山藩を創設します。この家は後に丹波・柏原《かいばら》に移り、幕末まで続きました。しかし小幡の織田家の方は、七代目の信邦の時に明和事件と関わりを持ちます。

この事件は、幕府による尊皇論者弾圧事件です。甲斐出身の山県大弐《やまがただいに》は、江戸で兵学・儒学を教えながら、大義名分論に基づく尊皇思想を唱えました。幕府は小幡藩の内紛にかこつけて彼を逮捕し（多くの小幡藩士が大弐に弟子入りしていた）、明和四（一七六七）年、大弐を死罪（罪状は不敬罪）に処しました。藩主の織田家は出羽国高畠《たかはた》へ懲罰的な移封となり、この地で三代続いて天保元（一八三〇）年に本拠を天童に移し、幕末に至りました。

どケチ家康も娘婿には甘かった？

前項に続き、亀姫（徳川家康長女）が嫁いだ奥平家の話です。

関ケ原の戦い前夜、亀姫の夫である奥平信昌は上野国《こうずけのくに》甘楽郡《かんらぐん》のうち三万石を領していました（小幡藩《おばたはん》）。関ケ原の戦いでは、信昌は家康に属して関ケ原で戦ったとも、秀忠に属して東山道を進み、肝心の戦いに間に合わなかったともいいます。どちらにせよ、それほどめざましい戦功をあげてはいない、ということでいいでしょう。

戦いの後、信昌は京都所司代を任されました。この役職は京都を治め、貴族や富裕な町人（当時もっとも文化水準が高かったと予想できる）と関係を持たねばならぬ大役です。三河の山間で生まれ育った信昌に務まるのかな、と不思議に思いました。でも、おそらく、この事態を解釈するヒントは在任期間ですね。彼の任期はわずか一年だけだったのです。

信昌のあとを襲った二代目の所司代は板倉勝重でした。彼は駿府町奉行や江戸町奉行を歴任した能吏タイプの武士です。その在任は足かけ十九年。三代目の重宗（勝重の子）はなんと三十六年。父子は善政をしき、評価が高かった。彼らの裁定や逸話は

『板倉政要』という判例集となって後世に伝わり、後の大岡越前の『大岡政談』に翻案されてもいます。また父子の在任中に、幕府は大坂の陣を起こし、朝廷の統制を強めて『禁中並公家諸法度』を制定しているのです。こうした働きは、信昌には望むべくもありません。

家康が信昌に期待したのは、京都に潜伏した浪人の取り締まりくらいだったのでは

◆池田輝政の兄、之助

池田之助は恒興の嫡男である。名は元助ともいわれる。「之」と「元」はくずすと似ており、どちらが正しいか不明である。幼少時から織田信長に仕え、信長没後は羽柴秀吉に仕えた。天正十一（一五八三）年、父が美濃大垣城主となると岐阜城主に。小牧・長久手の戦いに従軍し、父や姉（妹？）婿の森長可（ながよし）とともに討ち死にした。享年は二十六とされるが、異説もある。彼が没したために、池田家は弟の輝政が相続した（模本、東京大学史料編纂所蔵）。

ないでしょうか。これなら、生粋の武人でもできる（それでも信昌は、西軍首脳の安国寺恵《え》瓊《けい》は逮捕しますが、宇喜多秀家にはまんまと逃亡されています）。もっというなら、娘婿にハクを付けてあげたい。それが家康のホンネだったと思います。

関ケ原の戦いの後、家康は娘婿に大盤振る舞いをしています。次女・督姫《とくひめ》の婿である池田輝政は三河・吉田十五万石から、播磨・姫路五十二万石に。三女・振姫《ふりひめ》の婿である蒲生秀行は下野《しもつけ》・宇都宮十八万石から、陸奥・会津六十万石に。輝政は岐阜城の攻略に手柄を立てたけれど、関ケ原本戦では活躍なし。秀行はもっとひどくて、上杉家の抑えとして宇都宮を守備したのみ。全く戦っていない。それでもたくさんの加増を得た。どケチな家康も婿さんには甘かった、というところですか。

家康は長女・亀姫の婿である信昌も厚遇したい。それで京都所司代をしばらく任せて、その功績に報いるというかたちをとった。そのうえで慶長六（一六〇一）年、岐阜に十万石を与えた。十万石というとケチくさい気がしますが、信昌は輝政や秀行とちがって譜代大名です。伏見城に籠もって戦死した鳥居元忠が、嫡子の忠政にあてて陸奥・磐城平《いわきたいら》十万石を得ている（もとは下総・矢作《やはぎ》四万石）のと比較すると、十分に優遇されている。しかも信長が作った町、岐阜を与えられているのです。

もっとも、信昌は岐阜城には入りませんでした。三キロほど離れた地に平城である加納城を築き、そこを居城にしたのです。ですから、亀姫は「加納どの」と呼ばれることになります。

加納城は二重の堀をもち、本丸北西隅に天守台、北東、南東、南西の三つの隅に二重の隅櫓、南西隅櫓と天守台の間に二重櫓一棟が配置されました。天守台はあるものの天守は作られず、代わりに二ノ丸北東隅に御三階櫓が建てられていました。この御三階櫓は、小天守を持たない独立式層塔型三重四階。慶長六年に廃城となった岐阜城の天守を移築したものと伝えられます。それで昭和三十一年に岐阜城天守が鉄筋コンクリート建築で復興されるに際しては、御三階櫓の図面が参考にされています。

信玄の遺体は結局どうなった?

先日、長野県駒場《こまば》の長岳寺（下伊那郡阿智村駒場）を訪れました。ここは武田信玄の遺骸を荼毘《だび》に付したという伝承をもつ古刹《こさつ》です。

元亀三（一五七二）年、総力を挙げての西上作戦を開始した信玄率いる武田軍は、徳川領に侵攻。遠江・三河の諸城を次々に落としていきました。十二月二十二日には遠江の三方ケ原で徳川家康軍を撃破。浜名湖にほど近い刑部砦《とりで》（浜松市北区細江町）で越年したあと三河に入り、野田城（愛知県新城市豊島）を落としました。ところがここで信玄の病がいよいよ重くなり、武田軍はやむなく甲斐に退却していきます。三河から信州伊那を経ての帰途、元亀四年四月十二日、伊那の駒場の山中で信玄は没しました。享年五十三。

信玄の遺骸をどうしたかについては諸説あります。甲斐へそのまま運んだという説。遺言により、甲冑を着せて諏訪湖に沈めたという説。これについては、諏訪湖の水中を信州大学などのチームが捜索し、武田菱の紋のある何物かを発見した、信玄の棺では?というニュースがかつてありました。ただし今は、武田菱ではなかった、とする見方が有力です。

ぼくが一番ムリがないな、と思うのは、駒場の長岳寺で火葬し、遺骨を甲斐に持ち帰ったとするものです。当時の同寺の住職は裕教法印という人で、この人は信玄の妹が嫁いでいる下條家《しもじょう》（当主は下條信氏《のぶうじ》）の出身だそうです。信玄の死は秘匿された

◆武田家の知られざる後継者

穴山信君（のぶただ・一五四一〜八二年）。法名は梅雪（ばいせつ・歴史ファンの間での通称は「アナ雪」）。甲斐国南部、河内（かわうち）地方の国人領主であった。信君の母は武田信玄の姉であり、信君の妻は信玄の娘である。武田家滅亡の際、武田家の名跡を継ぐことを条件に織田・徳川に降った。本能寺の変が起きたとき、徳川家康らと堺に遊んでいたが、家康と別ルートで帰国しようとし、途中で一揆勢に殺害された（模本、東京大学史料編纂所蔵）。

といいますから、武田家に連なるお寺でこっそりと火葬、というのは、理にかなった解釈だと思います。それに当時の技術では、遺体の傷みをいかんともしがたかったでしょうし。

いま長岳寺には昭和四十九年に造られた供養塔（十三重の石塔）があります。火葬塚より火葬灰を境内に移し、建立されたそうです。ほかに信玄使用の兜《かぶと》の前立て二種（甲冑の権威、山上八郎博士鑑定のもの）が寺宝として残っています。ほかに馬場信春が納めたと伝わる念持仏《ねんじぶつ》があるのです。像高三〇センチほどでしょうか、小ぶりで優美な十一面観音像です。

馬場信春（一五一五？～七五年）は武田四天王の一人。信玄が家督を継ぐ前から仕え、多くの戦いに参加しました。もとの名は教来石《きょうらいいし》景政。武田家譜代の馬場の家名とそれにふさわしい名を与えられ、さらに武名の高かった鬼美濃・原虎胤《とらたね》にあやかるように、と美濃守の名乗りを許されました。築城の名手ともいわれ、深志城（松本市）、牧之島城（長野市）などの城代を務めました。

山県昌景《まさかげ》（その部隊は赤備えとして有名）と並んで武田家の双璧として語られることの多い信春ですが、歴史学的な見地からすると問題がないわけではありません。昌景の卓越した地位は、古文書から確かめられる。でも信春はそれができないのです。

それから昌景や春日虎綱（海津城の城代）らと比べると預けられている兵が少ない。この点は慎重に考慮しないといけない。

それでも、彼が重臣であったことは間違いがないでしょう。西上作戦では一隊を率いて只来城《ただらい》（浜松市）を落とし、三方ケ原の戦いでは最後まで家康に追いすがったといいます。その彼にしてみれば、信玄の死はあまりにも無念だった。信玄より年長だった彼は本来なら殉死したいところだが、それはできないので、と長岳寺に自分の念持仏を置いてきたというのです。どこまでが史実かは分かりませんが、すごく納得できる話ですね。

信玄の没後、信春は後継者の勝頼を支えました。天正三（一五七五）年、織田・徳川連合軍に大敗北を喫した長篠の戦いでは、しんがりを務めて多くの味方を逃がした後、戦死を遂げました。『信長公記』は「馬場美濃守手前の働き、比類なし」と褒めたたえています。まさに武田の栄光と共に生きた一生だったのです（あれ？　奥平家の話じゃなかったっけ？　はい。次項でつながります）。

殉死でミソを付けた奥平家

前項で、敬愛する主人、武田信玄の死に遭った馬場信春の話をしました。あとを追いたいところだが、織田・徳川と戦い続ける武田家を思えばそれはできない。それで、信玄を荼毘《だび》に付した（といわれる）信濃駒場の長岳寺に自分の念持仏を納め、甲斐に帰ったというのです。

主君のあとを追うことを殉死というのはご存じですね。記録のあるところで、最も多くの殉死者を出したのは誰か、と見てみると、伊達政宗の二十人。これに次ぐのが肥後熊本の細川忠利の十九人。三代将軍徳川家光が死んだときには十一人が追い腹を切り、このうちには老中を務めた堀田正盛と阿部重次が含まれています。「知恵伊豆」と呼ばれた松平伊豆守信綱は殉死しなかったのですが、そのために江戸の庶民にからかわれました。

寛文八（一六六八）年二月、宇都宮藩十一万石の殿さま、奥平忠昌が亡くなりました。この人は信昌と亀姫（徳川家康長女）の第一子、家昌のさらに長男。家康の血を引く奥平家の嫡流です。後継者は嫡男の昌能《まさよし》で、時に三十六歳。当然、人の上に立つ者としての分別を求められる年齢なのですが、どうにもこの人、軽率だった。その一つの判断ミスは後に江戸三大敵討ちの一つ、「浄瑠璃坂の敵討ち」に発展していくのですが、その話はさておき、ここではもう一つの方を取り上げます。

それは、亡父の寵臣《ちょうしん》だった杉浦右衛門兵衛に対して発した、軽率きわまりない一言でした。「あれ、おまえ、まだ生きているのか」。こんなことを言われたらたまらない。憤怒した杉浦は、ただちに切腹しました。ところがこれが大問題になった。

というのは、当時の江戸幕府は、四代将軍家綱のもとで武断政治から文治政治へと転換を図っていたただ中だったのです。その一環として、事件に先立つ寛文三年には殉死を禁止するお触れを出していた。そのため、本来ならば忠臣の鑑よ、まことの武士よと褒めたたえられたであろう杉浦の殉死は幕府への挑戦と捉えられ、杉浦家の跡継ぎはかわいそうに斬罪《ざんざい》（名誉の切腹ではなく）に処せられました。

けれども、この一件で責められるべきは誰が見ても杉浦ではない。武士のメンツを踏みにじった昌能その人です。でも、ここでも「神君・家康の血筋」がものをいったのです。昌能は二万石を減封の上、出羽山形藩九万石に転封、という軽い罰を受けただけでした。

昌能の後、奥平家はいったん宇都宮に帰り、丹後宮津を経て、豊前中津十万石に落ち着きます。この地で明治維新まで藩主は九代続きました。そのうち有名なのは中津藩第三代の昌鹿《まさしか》（一七四四～八〇年）と第五代の昌高（一七八一～一八五五年）でしょうか。二人は好学の殿さまで、昌鹿の時に藩医を務めたのが、『解体新書』で有名な蘭学者、前野良沢《りょうたく》です。

良沢の活動は中津にしっかりと根をおろしたようで、昌高は諸事オランダ流を好んだ「蘭癖《らんぺき》大名」の一人でした。オランダ語を習得し、オランダ商館長と親交をもち、かのシーボルトとも盛んに交流しています。良沢らが『解体新書』を翻訳する際に辞書がなくて辛酸をなめた経験を踏まえて、文化七（一八一〇）年に『蘭語《らんご》訳撰《やくせん》』（通称「中津辞書」）、文政五（一八二二）年には『バスタールド辞書』を出版。江戸後期の西洋文化・科学導入に貢献したのです。なお、昌高の実父はやはり「蘭癖大名」として知られる島津重豪《しげひで》でした。「神君・家康の血筋」としての奥平当主は、昌高の前代で途絶えたことになります。

第6章　家康の隠れた「遺産」

信康の遺児が結んだ二家の縁

徳川四天王の一人、本多平八郎忠勝（一五四八〜一六一〇）は、徳川家中随一の勇将としてあまりにも有名です。江戸幕府が成立する頃、その平八郎忠勝系の本多家は、小笠原家と深く結びついていました。

本多家は松平＝徳川家に代々仕えてきた家。小笠原家は清和源氏の名門。鎌倉時代初めから信濃の守護を務めて大きな力を持ち、有名な「小笠原流礼法」（その根幹には騎射の技術がある）を育んだことでも知られます。二つの家はどこに接点があったのでしょうか？

答えは家康の長男、松平信康なのです。織田信長の命によって（と、ぼくは考えています。詳しくは本書の姉妹編『戦国武将の選択』をご覧ください）彼が自害したとき、信長の娘・五徳姫との間に二人の女子が遺《のこ》されました。五徳姫は織田家に帰り、二人の女の子は祖父の家康によって育てられた。家康はやがて彼女たちを嫁に出した。姉の登久姫（一五七六〜一六〇七年）は小笠原秀政に。妹の熊姫（一五七七〜一六二六年）は忠勝の長男の忠政に。

両家のご縁はこれに留《とど》まりません。熊姫が産んだ亀姫（一五九七～一六四三年）は曽祖父・家康の養女として、登久姫の長男・忠脩《ただなが》と結婚するのです。いとこ同士での婚姻です。こうした縁組を見ると、非業の最期を遂げた信康の忘れ形見二人を、家康がずっと気にかけている様子が分かります。このことからしても、家康が信康の死を望んでいたとは、ぼくには思えないんだけどなあ。

◆猛将・本多忠勝

この絵（模本、東京大学史料編纂所蔵）は穏やかな束帯姿であるが、ふつう本多忠勝の肖像というと、漆黒の甲冑を身につけた、いかめしいものがよく知られている。巨大な鹿角（何枚もの和紙を貼り合わせて黒漆で塗り固めたもの）と肩口からの大きな数珠玉が特徴的なこの甲冑は、本多家に伝わって現存している。

婚姻は二つの家を結びつける、もっとも効果的な外交手段です。だから徳川政権が発足するにあたり、徳川家としてはなるべく外様の大名に一族の女性を嫁がせたい。有力な外様大名を、徳川家に引き寄せたいのです。その代表が、秀忠の長女、千姫の豊臣秀頼への輿《こし》入れです。それから次女の珠姫は、わずか三歳で加賀百万石の次代の殿さま・前田利常のもとに嫁いでいます。

でも外様大名との縁組は、千姫の例が端的に示すように、徳川家の女性に不幸な結果をもたらす可能性を秘めている。彼女たちの安穏な生活を望むのであれば、本当は徳川譜代の家に嫁にやりたいところです。譜代の家来なら、徳川家に逆らうようなことは、まずありませんから。熊姫と本多忠政の婚姻は、まさにそういう意味合いを持っていました。

本多忠勝といえば三河武士の代名詞。豪勇の士として知られ、先述したように徳川四天王の一人に数えられます。幼少の頃から合戦に従軍し、五十回を超える戦いで一度の手傷も負わなかったといいます。しかも、ただの「いくさバカ」ではない。関ケ原の戦いの前後では、同じく四天王の一人である井伊直政と組んで文書をしきりに作成し、徳川家への従属・内通を呼びかけています。徳川家の外交にもしっかりと貢献していたのです。

関ケ原戦後、伊勢・桑名十万石に移封。当時の桑名は「十楽の津」といわれ、たいへんにぎわった港町です。栄転といえるでしょう。それから彼の次男である忠朝には、忠勝が治めていた上総大多喜十万石のうち、五万石が与えられた。本多一族としてはその分、領地が増えている。

小笠原家は先述のように信濃の名族で、徳川譜代の家臣ではない。登久姫はその家と縁組したわけですが、これは豊臣秀吉の仲介によるものでした。そこで家康は本来は外様である小笠原家を、譜代大名として位置づけた。その上で、没落していた秀政に下総・古河三万石を与え、ついで加増して信濃・飯田五万石へ。登久姫の幸せを願う、家康の心遣いのたまものでしょう。姫は飯田で病没しますが、慶長十八（一六一三）年、秀政はついに、先祖代々の地である信濃・松本（八万石に加増）への帰還を果たしました。登久姫は亡くなってなお、内助の功を発揮したのです。

徳川家康のお眼鏡にかなった本多家、小笠原家。ところがその信頼が、武門の宿命ではありますが、厳しい試練をもたらします。

大坂の陣で受難……報いた幕府

前項で、本多家と小笠原家のお話をしました。ここでは両家の受難の話から。
今から四百年ほど前の慶長二十（一六一五）年五月七日。大坂城落城の前日、大坂夏の陣、天王寺・岡山の戦い。家康本隊を守るように、その近くに位置していた本多隊・小笠原隊は真田幸村・毛利勝永らが率いる大坂方の猛攻にさらされます。激戦の末、小笠原隊はほぼ壊滅。当主の忠脩《ただなが》はその場で戦死。父の秀政は瀕死《ひんし》の重傷を負って戦場を離脱後、程なく没します。本多隊では分家筋の忠朝（忠勝の子で、忠政の弟。上総・大多喜五万石）が奮戦の末に討ち死にしました。城主クラスの犠牲者は、大坂の陣を通じて、彼らだけでした。

徳川幕府は手厚く報いました。まず小笠原家。家（信濃・松本八万石）は、忠脩の弟の忠真《ただざね》が、未亡人になった亀姫（本多忠政の娘。はじめ忠脩に嫁ぐ）と結婚した上で継ぎました。忠真は二年後に播磨・明石十万石に加増されます。寛永九（一六三二）年には、忠真の同母妹を正室としていた細川忠利が肥後・熊本に移ったあとを受けて、豊前・小倉十五万石の殿様へと躍進します。小笠原本家はそのまま明治維新まで、小倉の地で繁栄しました。

それから、亀姫は忠真と再婚した後に、忠脩の遺児を産んでいます。これが長次《ながつぐ》で、後述する本多政朝のあとを受け、播磨・龍野五万石の大名に取り立てられました。また、忠真が小倉に移るのと時を同じくして、やはり細川家の旧領である豊前・中津（八万石）に加増・移封されています。この家はのちに改易されます（当主の悪政と

◆甲冑の本多忠勝像

前項では束帯姿の忠勝を紹介したが、有名なのはこちら（模本、東京大学史料編纂所蔵）。「東の忠勝、西の宗茂（立花）」と称される勇将であったので、忠勝はゲームなどでは長身の偉丈夫として表現されることが多い。だがこの肖像に描かれた現存する鎧（よろい）から推測すると、彼の身長は一六〇センチくらいであったろう、という。

後継者の断絶が理由）が、その時も「大坂の陣での先祖・秀政の忠節」を理由に大名として再興を許され、播磨・安志《あんじ》一万石として明治を迎えます。

本多家は、忠勝の嫡子の忠政が伊勢・桑名十万石から播磨・姫路十五万石に加増・移封。また忠政の嫡男である忠刻のもとには、化粧料十万石を携えて、秀頼未亡人の千姫が嫁いできました。戦死した忠朝のあとの上総・大多喜五万石は、忠政の次男の政朝が継ぎます。政朝はやがて本家の姫路領に隣接する播磨・龍野五万石に移り、忠刻の逝去後に本家を継ぐことになります。

ちなみに忠朝ですが、彼は大酒飲みで、天王寺・岡山の戦いに二日酔いで臨んだという伝承があります。それで、討ち死にした際に「戒むべきは酒なり、今後わが墓に詣でる者は、必ず酒嫌いとなるべし」と言ったとか言わないとか。彼の墓は骨仏で有名な一心寺（大阪市天王寺区逢阪）の境内にあり、禁酒を誓う人がよく詣でているのだそうです。

ここで、本多忠勝の言葉を紹介しておきましょう。「侍は首とらずとも手柄せずとも、ことの難しきに至りて、主君と枕を並べて討ち死にを遂げ、忠節を守るを指して侍と申すなり」（『本多平八郎家訓』）

合戦で首を取ってこなくてもいい。手柄を立てなくてもいい。主人が武運つたなく敗れて死んでいくときに、一緒に死ぬ。それこそが侍だ――。なんと濃密な主従の絆でしょうか。そんなことを説く忠勝だから、彼が家康より六年早く死んだとき、その遺言は次の歌であると言われました。

「死にともな（死にたくない）ああ死にともな　さりとては　君の情けの　今は恨めし」

下の句は「深き御恩の　君を思えば」とする説も流布していますが、この有名な歌は実は忠勝のものではないようです。『名将言行録』には、忠勝の死に際して、大谷三平という家臣が殉死した。すると、三平のしもべが、三平のあとを追って自害した。そのしもべの辞世の歌だ、とあります。でも、いざというとき主人と一緒に死ぬ。それこそが侍だ、という忠勝にぴったりです。それで、いつの間にか忠勝の辞世として独り歩きを始めたのでしょう。

「苦労人」こそ良き改革者に

若いときに苦労した人が、大きな仕事を成し遂げる。なにを当たり前な、と思われるかもしれませんが、日本史を勉強していると、つくづくとそれが実感できます。あまり有名ではないのだけれど、鎌倉時代の中ごろに、後嵯峨上皇（一二二〇〜七二年）という方がいました。それまでの天皇家は「君臨する存在」でしたが、統治者ではなかった。上皇はそれを変革したのです。有能な中級の貴族たちを登用し、統治のシステムを創出した。システムの働きを通じて世の乱れに能動的に対応していった。鎌倉時代末まで、歴代の天皇（上皇）はそうした「すぐれた統治者」として機能することを求められたのです。

この後嵯峨上皇は、本来は皇位に就くチャンスのない方だった。親王宣下を受けることもなく、貴族たちからも半ば忘れられ、ずっとつつましい生活を送っておられた。ところがいくつかの偶然が重なり、鎌倉幕府の後押しを受けて、皇位に上った。苦労してきたからこそ、政治の欠点がよく見えたのでしょう。天皇は東の幕府と連携し、朝廷の刷新に乗り出すのです。

もちろん、変わればよい、というものではありません。変革への強烈な意志が大失敗をもたらすときもある。日本は世襲の原理が強く働く国柄で、歴史の推移がおとなしいというか、おだやかです。そのために血で血を洗う凄惨《せいさん》な抗争劇や、町がまるごと地上から消えてしまうような大虐殺は起きていない。でもやはり過度な世襲は、全

◆四条天皇（一二三一～四二年）

四条天皇（模本、東京大学史料編纂所蔵）は寛喜三年に誕生し、すぐに親王となり、皇太子に立てられる。二歳で践祚（せんそ・皇位継承）、十一歳で元服。ところが十二歳のとき、転倒事故が原因でにわかに崩御。皇子女はなく、男子の兄弟もいなかったため、急遽（きゅきょ）、邦仁（くにひと）王が践祚した。これが後嵯峨天皇である。

て「前例の通り」に、という事なかれ主義につながりやすい。若いときに辛酸をなめた人物の方が、社会の不備や欠陥を見抜くことができるのかもしれない。

ぼくは徳川家康という人こそ、苦労が人間を大きくした典型ではないか、と思っています。信長のようなある種の天才ではない。秀吉のようなカンの冴《さ》えもない。だが地道に努力し、倦《う》まずに勉強する。子供の頃に生母と引き離されて人質生活を余儀なくされ、父も暗殺された。今川義元が桶狭間で倒れた後にやっと独立したけれど、周囲はよく知らぬ家臣が固めていて、自分の思いは通らない。

後世では忠節無比の三河武士、なんて言いますが、あれは物語にすぎないんじゃないかな。地元第一で凝り固まった家臣の統制に、駿府という都会育ちの青年・家康は困り果てたんじゃないか。だってその証拠に、将軍の座を退いてから、家康は岡崎に帰っていませんもの。故郷というのは、「志を果たしていつの日か帰る」憧憬《しょうけい》の地。でも家康にとって、それは駿府であって、岡崎ではなかった。

ともかく耐える。耐え忍ぶ。信長と攻守同盟を結んだら、それを絶対に破らない。武田信玄が攻めてきても、信長はまともに援軍なんか送ってきません。おかげで三方ケ原の戦い（一五七三年）ではあわや戦死しそうになって、怖くて大便を漏らして逃げた。愛する妻の築山殿と跡取り息子の信康も、信長の命で殺害した。それでも決して背かない。律義者の仮面をかぶり通したわけです。

徳川家は清和源氏の名門、新田家の子孫を称しています。ところが若き日の家康は「藤原家康」なんて堂々と署名している。おそらく「源平藤橘」の姓と、「新田・織田・徳川」などの家名との関係がよく分かっていなかったのでしょう。でも、そこから彼は歴史を学んで、わが家は源氏であって、だから征夷大将軍になるんだ、という論理を展開するまでになる。彼の好学の気風は九男の義直（尾張藩の始祖）、さらに水戸の光圀に受け継がれていきます。

さて、ここで問題です。家康の学問への真摯《しんし》な姿勢は、私たち中世史研究者（とくに政治史）に具体的な恩恵を与えてくれています。それはいったいどういうことでしょう？　ヒントは、彼の本拠地選び、つまり江戸の開発です。

〝ホワイト企業・徳川〟の文化貢献

いま学界の主流は「織田信長は、特別な戦国大名では『ない』」という評価です。それはおかしい、信長が特別じゃなければ「天下統一」はないでしょ？　と反論すると、いや、彼にとっての「天下」とは近畿地方を意味するんだ、とくる。いやいや、天下が日本全体を指している用例は鎌倉時代から普通にあるじゃないか、と反論しても、戦国時代に限れば、天下＝畿内ですよ、と返される。まあ、信長株はどう見ても下落しているわけですね。

学界のつまはじきであるぼくは、それはおかしいでしょう、と言い続けています。分裂していた日本が一つにまとまる、という大きな変化に、ともかくも注目しようよ。その動きの中心にいた信長が、「特別でない」はずはないでしょ？　と。

ぼくはかくのごとく信長を高く評価しているわけですが、でも、彼のような人が現実にいたとしたら、災厄以外の何ものでもないですよね。絶対に関わり合いになりたくない。働く先としても、信長カンパニーには就職したくない。徹底した能力主義で、小さなミスが左遷に直結する。ヘタをすると首がとぶ。小心者のぼくは、怖くて仕事に集中できない。

　その点、家康カンパニーは平和です。オーナー＝家康は「ケチ」。これはもう疑いようがなく、よその会社なら余裕で昇進だろう、という顕著な実績が、なかなか認めてもらえない。そのかわり、オーナーの気まぐれ人事はほぼない（ウマが合うから、みたいな理由で出世できたのは藤堂高虎くんくらい？）。昇給のスピードは遅いけれど、一度上がった給料は、保証してもらえる。これなら安心して仕事ができる。

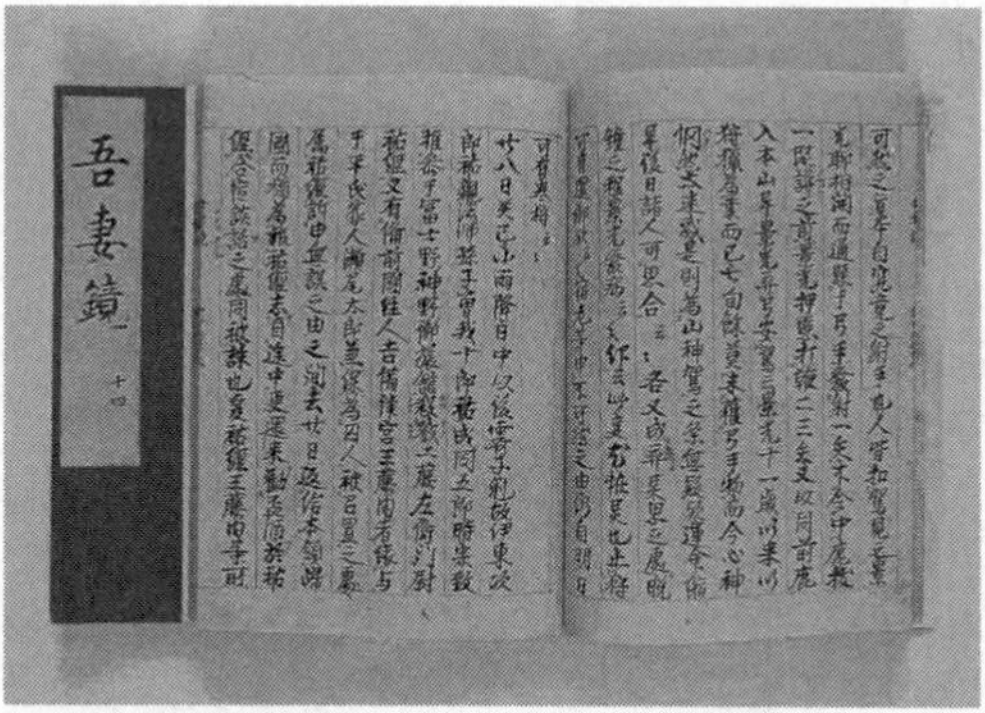

◆複数存在する『吾妻鏡』

『吾妻鏡』（国立公文書館サイトより）には北条本、島津本、毛利本、吉川本などがある。このうちもっとも使い勝手の良いものが国史大系に収められた北条本で、島津本と毛利本は、北条本と同系統のものと考えられている。性格が他と異なるのが吉川本で、これは岩国の吉川家（三万石。のち六万石）に伝えられたものである。


　さて、ここで前項の問題です。家康の学問への真摯《しんし》な姿勢が、中世史研究者に具体的な恩恵を与えてくれている。それはいったいどういうことでしょうか？　というものでした。

答えは古代・中世の書物、すなわち

ぼくたち研究者にとってこの上なく大切なテキストを保存し、伝えてくれた、です。その代表が『吾妻鏡』だったのです。

勉強家で好学の家康は数多くの書物を収集し、後世に残してくれました。徳川将軍家の蔵書は江戸城内の紅葉山文庫として知られ（といっても、この呼称は明治時代になってから用いられたもので、江戸時代はもっぱら「御文庫」と呼ばれた）、明治維新後は太政官の管轄となりました。のちに内閣文庫に継承され、昭和四十六年に国立公文書館が設置されると、他の内閣文庫本とともに移管。一般に公開されたのです。『吾妻鏡』は鎌倉幕府が編纂《へんさん》した正式な歴史書で、これなくしては鎌倉時代の政治史は研究することができません。通常、私たちが『吾妻鏡』を読むときに用いているのは『国史大系』（吉川弘文館）の中に収録されたもので、これは『北条本』と呼ばれています。

なぜ『北条本』と呼ばれたかというと、戦国大名である後北条氏が収集し保管していたから。豊臣秀吉の小田原攻めの際、戦いの終結に尽力したのが黒田官兵衛。北条家はその労を多として、秘蔵していた『吾妻鏡』を官兵衛に贈った。のちに官兵衛の息子の長政はこれを江戸幕府に献上。かくて『北条本・吾妻鏡』が紅葉山文庫に所蔵された。歴史研究者はそういうふうに認識してきました。

ところが、これは全くの誤りらしい。東京大学史料編纂所の所長を務めた益田宗《たかし》さん（故人）、それに同じく編纂所で活躍している井上聡くん（准教授）の研究によると、幕府を開く以前に徳川家康は全国に人を派遣し、時間とカネを使って、今あるかたちに復元した。それが『北条本・吾妻鏡』なのだそうです。これを北条家が所持していた明証は実はない。だから『北条本』は、『徳川本』とか『家康本』と呼ばれるべきものなのです。

源頼朝はご存じのように、鎌倉に幕府を開きました。その物語を熟読しながら、家康は京や大坂の繁栄に背を向け、当時は「ど田舎」といっても過言ではなかった江戸に、幕府を開く方策を練っていたのかもしれません。

家康を守る「マタラ神」とは？

生来ものぐさな私は、観光地に行っても宿でごろごろと怠惰に過ごしたい派です。だから旅行先で、張り切って名所旧跡を巡ろうと提案する友人がいれば問いかけます。君は忠臣蔵・赤穂浪士の墓のある泉岳寺に行ったことはあるかい、と。

いや、ないよ、との答えが返ってきたなら、しめたもの。鬼の首を取ったように力説します。ふだん生活している東京の名所に行かぬわれわれなのに、旅先となるとなぜ旧跡に足を運ぼうとするのか。とんでもない矛盾ではないか。

この問答は明治神宮ではなく、浅草寺でもなく、歴史マニアしか訪れない泉岳寺であるところがミソですが、困ったことに、泉岳寺？　もちろんお参りしたさ、と答える友人がたまにいる。だから泉岳寺に続く歴史的スポット第二弾を探していたのですが、ごく最近、うってつけのところを見つけました。上野東照宮です。

上野動物園に隣接する同宮の社殿は参道側から拝殿、幣殿、本殿の三つの部屋から構成される「権現造り」になっていて、その造形は実にみごとです。また、それにもましてすばらしいのが色彩であり、「金色殿」の呼び名があるように、金色に輝いている。なんだ、金ピカの成り金趣味か、などと安易にいうなかれ。黒漆と金箔《きんぱく》の妖しいまでのコントラストは、実に美しい。参拝者は魅了され、時を忘れる。

本当に偶然なのですが、上野東照宮に詣でる機会を得る少し前、私は奇妙な絵を知りました。それは徳川家康の肖像を東京大学史料編纂所で模写したもの。絵中の説明

「東照三所大権現」像（模本、東京大学史料編纂所蔵）

には「三所大権現」とあり、東照大権現としての家康を中心に、背後に僧形の人物Aと、狩衣《かりぎぬ》を着て冠をつけた人物Bを配している。模写した当時の所蔵者名は外崎《とのさき》覚。この方は安政六（一八五九）年、弘前藩の儒学者の次男として生まれ、昭和七（一九三二）年に亡くなっている。弘前の東奥義塾で教鞭《きょうべん》を執り、宮内省に勤務した歴史学者・漢学者です。彼はこの絵について論文を書いていて（「関ケ原合戦の絵屏風と東照公の肖像に就て」同氏著『六十有一年』所収。いまグーグルブックスで読むことができます）、Aは天海僧正、Bはマタラ神であると解釈している。

Aはなるほど、納得です。天海は家康の顧問として重く用いられ、家康が没するや、彼を「東照大権現」として祀《まつ》ることを決した（ライバルの金地院崇伝らが主張する、「東照大明神」とする案を退けた）。いわば東照大権現の生みの親であるから、家康の脇侍《きょうじ》のように配置されるにふさわしい。

問題はBで、マタラ神という神様はあまり聞き覚えがない。調べてみると、摩多羅神あるいは摩怛利神。天台宗の神（よく知られるように、神仏分離を強行した明治維新より前は、神と仏の混在が普通であった）で、阿弥陀経および念仏の守護神ともされる。左手に鼓をもち、右手でこれを打つ姿として描かれるというから、この点はたしかにこの絵とよく合います。だが私は腑《ふ》に落ちませんでした。家康、天海は実在の人物なのに、なぜ有名ではないマタラ神を取り上げ、描きこんだのだろうか。

そこで上野の東照宮です。同宮の所説に耳を傾けてみましょう。禰宜《ねぎ》を務められる嵯峨まき氏のご教示によると、同宮は三人の祭神を祀っているといいます。中央に家康公、向かって右に天海僧正、そして左に戦国時代を生き抜いた武将X公。非公開ながら、本殿に三人の像が安置されているのだそうです。

家康は生前、Xにあつい信頼を寄せた。東照宮の造営については、Xの尽力があった。それは日光も上野も同様で、とくに上野東照宮の地はXが治める藩の藩邸であったといいます。彼の墓は今も動物園内にある。これらのことから、この絵のBが、Xである可能性はきわめて高いように思えます。

さて、そこで問題です。Xとはずばり、誰でしょう？

戦国一の世渡り上手、藤堂高虎

前項で出題した問題の答え、お分かりになりましたか？ 上野東照宮に、「東照大権現」としての徳川家康を補佐する神として、天海僧正とともに祀《まつ》られるX。家康が厚い信頼を寄せた戦国大名X。Xとはだれでしょうか。

そう、藤堂高虎《たかとら》ですね。そこで前項でご紹介した何とも不思議な絵について、私としては、中央に家康、脇に天海と「マタラ神に扮《ふん》した藤堂高虎」が描かれている。そう解釈しておこうと思います。

それにしても、高虎のお墓が上野動物園内にあるなんて、私は全然知りませんでした。あんなに美しい東照宮があるのも、不覚にも知りませんでした。子供のころ父に連れられて、毎週のように上野動物園に通っていたのに。灯台もと暗し、というのは、あるんですね。

そういえば「上野」という地名がそもそも、高虎と深い関係をもつようです。もともと上野山は忍《しのぶ》の丘と呼ばれていた。藤堂藩はこの地に屋敷を構えたのですが、忍の丘の形状は藤堂藩領の伊賀上野に似ていた。それで「上野」と呼ばれるようになった、というのです。へー。

藤堂高虎（一五五六〜一六三〇年）は主人を何度も変えた人として知られています。生まれは近江国犬上郡藤堂村（いま滋賀県犬上郡甲良町）。父は没落した土豪で、農民同様であった藤堂虎高。幼名は与吉で通称は与右衛門。立派な体格をしていて、はじめ浅井長政に足軽として仕え、浅井家が織田信長によって滅ぼされると浅井の旧臣

◆偉丈夫・藤堂高虎

三重県西蓮寺所蔵の藤堂高虎像（模本、東京大学史料編纂所蔵）。賛は天海僧正が書いたもの。ここにも高虎と天海の深い関係が示されている。高虎は一九〇センチをこえる長身で、いかつい容貌をしており、戦場で受けた傷が体中にあったと伝えられている。

だった阿閉《あつじ》貞征、次いで同じく浅井氏旧臣の磯野員昌《かずまさ》、さらに近江に所領を持っていた信長の甥《おい》・織田信澄《のぶすみ》（のちに本能寺の変が起こると、明智光秀の娘婿ゆえに殺害される）に仕えました。でも、どれも、長続きしなかったようですね。

彼が頭角を現すのは、天正四（一五七六）年に羽柴秀吉の弟・秀長に仕えてから。秀長陣営に属して秀吉の数々の戦いに従軍し、功績を挙げていきます。秀長が総大将を務めた四国平定戦後には、ついに一万石を得て大名に。このころから戦働きのみならず、城の普請にも非凡な手腕を発揮するようになります。

天正十九（一五九一）年に秀長が死去すると、養子の豊臣秀保《ひでやす》に仕えますが、秀保が早世したため、出家して高野山に入ります。ところが秀吉がその才を惜しんで呼び戻し、伊予国板島《いたじま》（いまの愛媛県宇和島市）七万石を与えました。朝鮮の役では水軍を率いて武功を挙げ、帰国後に板島の北隣となる大洲《おおず》城一万石を加増されました。この時、居城を大洲に移したのか、板島のままだったのか、私は調べがつきませんでした。物知りの方、教えてください。

秀吉の死後、高虎はぐいぐい家康に接近していきます。家康も高虎を高く評価し、譜代大名のように扱いました。関ケ原の戦いではもちろん東軍につき、戦後には旧領を含む伊予・今治二十万石の大名に。その後も江戸城改築などで功を挙げ、伊賀一国、ならびに伊勢八郡二十二万石に加増移封《いほう》され、津藩主となります。近江に井伊家、名古屋に尾張徳川家、伊勢に藤堂家と並ぶ。これが家康にとっての、VS大坂・VS上方ベストメンバーだったのでしょう。大坂の陣では徳川方の主力の一角として奮戦し、三十二万石に加増されます。

こうしてみていくと、高虎が本当に重用されたのは、家康に臣従してから、といえるでしょう。ともかく家康は高虎をかわいがった。今後いくさが起きたときは、譜代大名の先陣は井伊家が、外様大名の先陣は藤堂家が務めよ、なんて言っている。政治を司《つかさど》る新たな都になった江戸との距離を考えるなら、伊勢・伊賀三十二万石は九州で五十万石よりも重いかもしれない。

あのケチの家康が、高虎には大盤振る舞いです。信長、秀吉ならいざ知らず、家康はこういう人事はまずやらない（側近中の側近である本多正信なんて、死ぬまで二万二千石です）。二人はウマが合ったとしかいいようがないのですが、それは何でか。次項、無茶を承知でその辺を考えてみましょう。

気骨の武士に「再就職禁止令」

それほど有名ではありませんが、「槍の勘兵衛」として知られる渡辺勘兵衛という戦国武将がいます。名は珍しい一字名で了《さとる》。由緒正しい渡辺氏は嵯峨源氏、源融《みなもとのとおる》の子孫で、一字名を用いるのです。大江山の鬼退治で有名な源頼光の四天王、渡辺綱《わたなべのつな》もこの一流の人ですね。勘兵衛が本当に嵯峨源氏かどうかは定かではありませんが、彼もまた、一字名を名乗っていました。

勘兵衛は永禄五（一五六二）年、近江国浅井郡の土豪の子として生まれました。はじめ浅井氏麾下《きか》の阿閉《あつじ》貞征に仕え、貞征の娘を妻としています。彼と縁の深い藤堂高虎は勘兵衛よりも六歳年長。高虎も阿閉家にいたことがありますが、同僚だった時期があるのかどうか。でも、阿閉家での序列では、殿の娘を嫁にした勘兵衛の方が確実に上だったはずです。

天正十（一五八二）年ごろより二千石で羽柴秀吉に仕え、秀吉の養子・秀勝付きになりました。山崎の戦いや賤ケ岳の戦いで活躍し、石田三成家臣の杉江勘兵衛、田中吉政家臣の辻勘兵衛（関ケ原の戦いで杉江勘兵衛を討ち取る）と並んで「三勘兵衛」

と評されました。秀勝が若くして亡くなると浪人しますが、すぐに羽柴秀次配下の中村一氏《かずうじ》に三千石で招かれます。

天正十八年の小田原征伐では中村勢の先鋒《せんぽう》として大いに活躍し、伊豆山中城攻めにおいては一番乗りを果たしました。秀吉からは「少なくとも一万石の働き」と絶賛されましたが、一氏からの恩賞は六千石に留まりました。これが不満で再び浪人すると、五奉行の増田長盛から四千石でスカウトされます。

◆ 渡辺勘兵衛とその妻

渡辺勘兵衛夫妻像（模本、東京大学史料編纂所蔵）。勘兵衛を主人公とする池波正太郎の『戦国幻想曲』（角川文庫）は、勘兵衛の妻を藤堂高虎の娘として叙述しているが、これはあくまでもフィクションだろうと思われる。また、彼を主人公とする小説には、中路啓太『恥も外聞もなく売名す』（新潮社）がある。

関ケ原の戦いで主人の長盛は西軍につきます。出陣した彼は、居城の郡山城（現・奈良県大和郡山市）を勘兵衛に任せました。戦後、長盛は所領を没収されて高野山に登りますが、勘兵衛は「主君長盛からの命でなくては開城はできない」と、城接収役の藤堂高虎、本多正純らに抵抗。徳川家康が長盛に書状を書かせるまで、ついに城を守り通しました。

増田家は取りつぶされ、勘兵衛はまた浪人しますが、この働きの見事さから、仕官の誘いが相次ぎます。彼が新しい主人として選んだのが、同郷の藤堂高虎。禄は破格の二万石。藤堂家が伊賀・伊勢に移ると、上野城城代になりました。槍一本で、「一城の主」に近いところまで上り詰めたのですね。

ただし、彼は終わりが良くなかった。大坂冬の陣で藤堂勢の先鋒を務めましたが、戦い方をめぐって主君・高虎と衝突。大坂方・長宗我部盛親の部隊に大敗してしまいます。夏の陣では八尾の戦い（八尾・若江の戦いの一部。藤堂勢は長宗我部盛親や増田長盛の子の盛次らの軍勢と戦い、盛次を討ち取った）で獅子奮迅の働きをして味方を勝利に導いたものの、独断専行甚だしく、高虎や同僚たちから疎まれる原因となりました。そのため戦後出奔して再び浪人となってしまったのです。

めげない勘兵衛は再び仕官の道を探します。でも藤堂氏から、奉公構《ほうこうかまえ》（仕官を他家にさせないようにする願い）の触れが出てしまいました。諸大名からも、幕府からも誘われるものの、家康の信任を受けた高虎と事を構えるとなると、みな二の足を踏む。元和四（一六一八）年に勘兵衛が幕府を通じて奉公構を解除するように願い出ると、高虎は「会津の蒲生家か讃岐の生駒家にならなら仕官しても構わない」というところまでは譲歩しました。

でも、これには勘兵衛が承服できなかったのです。寛永五（一六二八）年には天海を仲裁役として奉公構の解除を願いましたが、このときも交渉は決裂。高虎の死後も奉公構の方針は維持されたため仕官はかなわず、その才を惜しんだ大名からの捨扶持《すてぶち》を細々と受けながら、四半世紀にわたる浪人暮らしの後、寛永十七（一六四〇）年、京で死去しました。

さて、ここで質問です。高虎は勘兵衛に、蒲生家か生駒家なら仕官しても良い、と言いました。これはなぜでしょう？　実はこの問題は、高虎と家康の関係にもつながってきます。

太平の世が変えた主従関係

まずは前項のクイズの答えから。会津の蒲生家、讃岐の生駒家へは、ともに藤堂高虎の娘が嫁入りしていました。そのうえ、高虎は幕府から両家の後見を命じられていました。それで渡辺勘兵衛が両家いずれかに仕えるとは、すなわち高虎にわびを入れたに等しい、という解釈がされ、この両家なら仕官OKとなったのでしょう。勘兵衛はあくまでそれをはねつけて浪人を続けるわけですが、それを考慮すると、両者の確執は、高虎が勘兵衛を小面憎く思っている、というより、勘兵衛が高虎のことを大っ嫌いだった、という側面が強そうですね。

ちょっとだけ説明すると、会津の蒲生忠郷（有名な氏郷の孫です）は父の秀行が三十歳で亡くなったため、十歳で家を継ぎました。でも幼年だったので、母親である振姫が後見をした。彼女は徳川家康の三女。結構気が強かったと見えて、蒲生の家臣たちとガチでぶつかり、家老に切腹を命じたりしています。ところが振姫は元和元（一六一五）年に家康の命により和歌山藩主の浅野長晟《ながあきら》と再婚することとなり、わが子を置いて蒲生家を去りました。

蒲生家は重臣たちの抗争が絶えない、面倒くさい家だった。若い忠郷ではとても切り盛りできない。といって彼は家康の外孫だから放ってはおけない。そこで幕府は元和五年、正室として高虎の娘を配し、家康の信任厚い高虎に後見を命じたのです。ちなみにこの時、すでに浅野家の振姫は亡くなっていました（嫡男の光晟《みつあきら》を出産したす

◆高虎の娘をめとった生駒家の若殿

高松市の法泉寺に伝わる生駒正俊（一五八六〜一六二一年）像（模本、東京大学史料編纂所蔵）。関ケ原の戦いの際、正俊の父の生駒一正は東軍に属して戦う。戦後、所領を安堵（あんど）され、丸亀城から高松城に移る。正俊は一正の長男で母は堀秀政の姉妹。子の高俊の時にお家騒動が起こり、生駒氏は出羽国矢島一万石に左遷された。のち八千石の旗本として幕末まで続いた。

ぐ後に没する。お産が負担になったか）。高虎は、娘が蒲生家で産んだ女の子の嫁ぎ先、肥後・加藤忠広（清正の子）の後見もしています。このことから、「振姫―高虎」という連携を想定すると良いかもしれません。

生駒藩では、元和七年に正俊が死去し、子どもである十一歳の小法師が後を継ぎました。若年であったため、外祖父である高虎が後見しました。高虎は西嶋八兵衛（九十あまりの溜《た》め池を造成した土木家）など藤堂家の家臣を讃岐へと派遣し、藩政にあたらせました。寛永二（一六二五）年、小法師は元服して高俊（高虎から一字をもらった）を名乗り、翌年には老中首席土井利勝の娘と婚約しました。高虎は、孫のために随分とがんばっていたわけです。

でも高虎の没後、生駒藩は親藤堂派と反藤堂派（生駒家の復権を訴える一派）に割れた。殿様の高俊は美少年の踊り（世人は「生駒踊り」と呼びバカにした）にうつつを抜かす暗愚な殿だった。それで結局、すったもんだの末に生駒藩は取りつぶし。讃岐には徳川光圀の兄の松平頼重が封ぜられたのです。

というところで、槍の勘兵衛に話を戻します。彼を持ち出したのは、主従関係について触れたいがためでした。藤堂高虎も、彼に仕えた渡辺勘兵衛も、何度も何度も主を変えて出世していった。ドライなようですが、戦国の世までは、それが当たり前だったのですね。「忠臣は二君に仕えず」とか「君、君たらずとも、臣、臣たれ」みたいなのは、はやらなかったのです。

これで終わるのも何なので、最後に主従のいい話を。槍《やり》の勘兵衛と同姓同名の渡辺勘兵衛という豪傑がいました。宮仕えはこりごりと、好待遇の誘いを全て断っていた。その彼が禄高五百石時代の石田三成に仕えることになった。不思議に思った秀吉が尋ねると、三成いわく「自分の知行を全て与えました。その上で、私が百万石取りになった時に十万石を与える約束でスカウトしました」。感心した秀吉が「知行を全て与えたら、おまえが生活できないだろう」と聞くと、「勘兵衛の家に居候していますす」と答えて澄ましていた、というのです。

後に出世した三成が知行を加増しようとすると、勘兵衛は「殿が百万石の大名になるまで知行五百石のままで結構です」と固辞し続けました。そしていよいよ天下分け目の関ケ原。奮戦した勘兵衛は、瀕死《ひんし》の重傷を負いました。三成が彼の手を取って「そなたの十万石も、夢となってしまった」と涙すると、これまでの君恩に感謝の言葉を述べながら息を引き取ったそうです。史実ではないかもしれませんが、ちょっとほっこりしますね。

第7章　三成はなぜ「忖度」できなかったか

長崎と「かんかんのう」

本章はちょっと趣向を変えて、近世から近代初頭のお話です。結局は戦国時代へ、歴史学全体のテーマへとつなげていくつもりですので、申し訳ありませんがおつきあいください。

先日、長崎市に行ってきました。二〇一六年度から、長崎市は文化観光部の中に「長崎学研究所」を設立しました。歴史と伝統のある町、長崎には、郷土の歴史を学ぶ市民が多くいる。そうした方々の活動を支え、また研究の新しい方向性をともに模索しよう、という組織だとうかがいました。

人文系の予算が真っ先に削られるこの世知辛いご時勢に、何という朗報か！　研究所立ち上げの講演を依頼された私は、一も二もなく飛んでいったわけです。夕方から会は始まり、市長さん他のご挨拶、私の講演と続いたのですが、会の冒頭に市の有志による三味線《しゃみせん》披露がありました。そちらの世界にとんと疎い私は「ふーん、三味線？」くらいの認識だったのですが、演目を聞いて驚いた。「かんかんのう、ですと？」

落語の大作「らくだ」はご存じですか？　らくだとは主人公（なのかな？）のあだ名で、すぐに暴れ出す長屋の鼻つまみ。何でそんなあだ名かというと、江戸時代後期、両国に見せ物としてラクダがやってきたことに由来します。江戸っ子たちは砂漠を知りません。ラクダがどれほど有用か知りません。何だか大きな図体《ずうたい》でのそのそしたヤツだ、と思ったらしい。ですから、このあだ名は悪口です。

◆ 長崎と渡来僧

即非如一(そくひにょいつ・一六一六～七一年)は明から渡来した臨済宗黄檗(おうばく)派(黄檗宗)の僧。福建省出身。中国の黄檗山萬福寺で隠元隆琦(いんげんりゅうき)に師事。のち日本に渡っていた師の隠元に招かれて一六五七年に来日。長崎崇福寺に住して中興開山となった(模本、東京大学史料編纂所蔵)。

らくだあ、いるかい。落語はらくだの兄貴分がやってくるところから始まります。見るとらくだは家の中で死んでいる。ふぐの毒に当たったらしい。つまり主人公は、登場したときには既に死人《しびと》なんです。こんな落語、他にありません。兄貴分は葬式を出そうとしますが、さて先立つものがない。そこで彼は、ちょうど長屋を通りかかったくず屋さんを捕まえ、手先に使って集金を始める。

まずは大家んとこだ。大家といえば親も同然、店子《たなこ》といえば子も同然。子の葬式に親が金を出さねえって法があるもんか。大家の家へ行って金をもらってこい。そんなむちゃな、とくず屋さんが泣く泣く抗弁すると、兄貴分はさらに言い募ります。もしも金を出せねえって言うのなら、らくだを連れて行くぞ。死人にかんかんのうを踊らせるからそう思え、って大家に言うんだ。ぐずぐずしねえで行ってこい！

ここで聴衆の大概は首をかしげます。なに、その脅し文句？　かんかんのうって何だ？　疑問はすぐに半分、解決します。らくだの葬式に金を出せだと？　冗談言っちゃあいけねえや、と大家さんがつっぱねると、兄貴分は本当にらくだを連れて行く。それ歌え、とくず屋さんにかんかんのうを歌わせながら、それにあわせて死体を踊らせる。大家さんは腰を抜かして、お金を出すのです。

さて、問題はくず屋さんが歌うかんかんのう。興津要先生の『古典落語』（講談社学術文庫）には確か「♪かんかんのう〜、きゅうのです」と書いてあった記憶があります。実際に落語家の師匠たちが何と歌っているか録音を聞き比べてみると、「きゅうのです」という方、「きゅうのれす」という方、ハッキリ歌わない方、さまざま。共通するのは、このままでは意味がまるで分からない、ということ。その謎は残されたまま。だから、先に「半分、解決」と書いたのです。

いや、しかし、長崎で本物のかんかんのうを聞けるとは。それで、本物と落語家さんたちの歌とを比べてみると、節回しは実にぴったり。師匠方は、「らくだ」の稽古をするときに、何らかの方法で本物を聞いたのでしょうか。それとも、これが師匠から弟子へ、という芸の伝承の妙なのでしょうか。

ただし、本物を聞いてみても、歌詞はよく分かりませんでした。かんかんのうの意味は依然として謎のまま。では、それはいったい何を意味するのか。なぜ私は、長崎でかんかんのうを聞くことができたのか。謎解きは次項で。

謎の歌が示す江戸の日中交流

中国の戦国時代、戦国七雄の一つが山東半島周辺を領していた「斉《せい》」の国です。もともとは、釣り人の異称にもなっている「太公望」（呂尚《りょしょう》、もしくは姜尚《きょうしょう》）とその子孫が封ぜられた国で、君主は姜の姓を名乗ります。ところが、やがて田氏《でん》が国を乗っ取る。それで以前の斉を「姜斉」、田氏の斉は「田斉」と呼ぶことも。

戦国時代を終わらせたのは、ご存じ始皇帝の秦国です。秦は他の六国を滅ぼしていき、六国の中で最後まで生き残った斉も紀元前二二一年に滅亡します。最後の王様は田建という人（在位＝前二六五～前二二一年）ですが、彼の母親、君王后《くんおうこう》がえらい人だった。彼女が政治や外交ににらみをきかせているうちは、超大国・秦もおいそれと手が出せなかったのでした。

『戦国策』にこんな話が載っています。秦王・政（後の始皇帝）が斉に使者を派遣し、君王后に玉連環《ぎょくれんかん》を贈って言った。「斉国には知恵者が多いそうですね。ぜひこの知恵の輪をはずしてみてください」。はずせるものなら、やってみろ。秦のいやがらせですね。案の定、家臣のだれも玉連環をはずせなかった。すると君王后は槌《つち》を取り寄せ、玉連環をこなごなに打ち壊し、秦の使者に言った。「謹んではずしました」

いいですね、このちゃぶ台をひっくり返す感じ。さすが女傑です。結局彼女の死後、斉は秦に滅ぼされるのですが、それは置いておいて。この話にある玉連環、玉で作られた知恵の輪が、後世の「九連環《きゅうれんかん》」の原型ではないかといわれています。九連環は

◆ 長崎で学んだ洋式砲術の祖、高島秋帆

名は茂敦。江戸時代後期の砲術家。寛政十(一七九八)年、長崎町年寄の高島四郎兵衛の三男として生まれる。十七歳で父の跡を継ぎ、のちには長崎会所調役頭取となった。日本砲術の遅れに危機感を抱き、出島のオランダ人らを通じてオランダ語や洋式砲術を学ぶ。天保五(一八三四)年に高島流砲術を完成させた。彼の砲術は幕府で用いられた(模本、東京大学史料編纂所蔵)。

チャイニーズリング（知恵の輪）の代表で、現在でも市販されています。九つの輪（輪が五つ、十三のものなどもある）が順につながった形をしている。

さて、なんで突然、中国の知恵の輪の話をしているんだ、と不審に思われるでしょう。そこでタネ明かしをいたしますと、ここで前項でとりあげた「かんかんのう」が関わってくるのです。かんかんのうは日本の俗謡で、江戸時代後期から明治時代、民衆によって広く唱《うた》われていたもので、「看々踊」ともいう。そしてその元歌は、清楽《しんがく》（清国から伝来した民謡・俗曲などの音楽群のこと）の「九連環」なのです。

「九連環」の冒頭の歌詞は「看看也、賜奴的九連環」。九連環は九連子ともいうので、こちらで中国語読みしてみると、「かんかんいえ、つうぬうだちうれんす」。お、これなら「かんかんのう、きゅうれんす」という歌詞に近くなるではないですか！ 日本語訳してみると、ねえ、私の知恵の輪をちょっと見てちょうだい、くらいになるのでしょうか。

「九連環」は絡みあってはっきりとは分かちがたい男女の仲を、知恵の輪にたとえて歌った清の俗謡なのです。それが長崎に入ってきた。ご存じのように、長崎ではオランダだけではなく、清朝との貿易も行われていて、多くの中国人が居住していた。その数は最も多いときで一万人にのぼったといわれています（当時の長崎の日本人人口は七万人ほど)。清の歌もまず長崎に上陸し、人々に浸透していったのです。

文政三(一八二〇)年、長崎の人が大坂の荒木座で「唐人踊」を踊りました。これは、唐人ふうの扮装《ふんそう》をした踊り手が、「九連環」の替え歌と、鉄鼓《てっこ》、太鼓、胡弓《こきゅう》や蛇皮線《じゃびせん》などの伴奏にあわせて踊る、という出し物でした。この踊りの様子は文久二(一八六二)年に刊行された、暁鐘成《あかつきかねなり》(戯作者であり画家)の『雲錦《うんきん》随筆』に、挿絵つきで説明されています。

「唐人踊」はやがて名古屋や江戸にも広まって、大流行。その過熱のあまり、文政五(一八二二)年二月には禁令が出るほどでした。その後も庶民のあいだでは「唐人踊」「看々踊」や、その歌である「かんかんのう」が歌い継がれました。落語の「らくだ」はこの流行を前提として、作られているのですね。

刀が物語る「鬼の副長」の立場

先日、テレビで土方愛《ひじかためぐみ》さんという方とお話しする機会を得ました。土方さんは、あの新選組「鬼の副長」、土方歳三《としぞう》の子孫に当たる方で、土方歳三資料館（東京都日野市）の館長を務めていらっしゃる。たいへんな美人で、さすがイケメン歳三のご子孫、とうなずくことしきり。とても楽しい時間を過ごさせていただきました。番組への反響も上々だったらしく、歳さんの人気を再確認した次第です。

そんな折も折、明治維新期の歴史を研究する専門博物館、京都の霊山《りょうぜん》歴史館が土方（以下、歴史上の人物として敬称を略して書きます。土方ファンの方々、お怒りにならないように）の刀を入手して展示する、というニュース（産経新聞二〇一六年四月二十二日付）が飛び込んできました。このネタ、調べていくうちになかなかの広がりを見せてくれます。そこで、本項はこのお話で行きたいと思います。

土方の愛刀といえば和泉守兼定、脇差は堀川国広が有名です。司馬遼太郎の『燃えよ剣』はこの和泉守兼定を二代目の兼定、「最上大業物」にランクされる通称「之《の》定《さだ》」だとしていますが、これはフィクション。幕末に活躍した会津藩お抱えの刀工、十一代目の兼定の作品です。彼が使った刀としては他に用恵国包《ようけいくにかね》が知られていますが、このたびお披露目されたのは大和守秀国の作刀です。

この秀国、兼定と同じく会津侯お抱えの刀工だったらしい。新選組はいうまでもなく会津藩の「預かり」でしたから、土方がこの刀をもっていたのは道理です。なお、

◆ 会津藩の祖、保科正之

会津松平家初代。徳川秀忠の庶子。信濃高遠、出羽山形を経て、陸奥会津藩二十三万石の藩主となる。三代将軍徳川家光と四代将軍家綱を補佐し、幕閣に重きをなした。養育してくれた保科家への恩義を忘れず、生涯保科姓で通した。同時代の水戸藩主徳川光圀、岡山藩主池田光政と並び江戸初期の三名君と称されている（模本、東京大学史料編纂所蔵）。

新々刀（江戸後期〜明治初期に作られた刀）の祖といわれる水心子《すいしんし》正秀の弟子に元興《もとおき》という人がいて、この人は前名が秀国だった。その人の孫にやはり元興がいて、この人は後年に秀国を名乗った（何てややこしい！）。土方の秀国はたぶん後者なのでしょう（後述）。他に局長の近藤勇も、同郷の井上源三郎（六番隊組長）のお兄さんに秀国の刀を贈っているそうです。

さて、霊山歴史館の秀国には表と裏に字が彫ってあります。表には大きな字で「大和守源秀國」、小さな字（後から刻んだ追記）で「秋月種明懇望帯之」。裏面には大きな字（追記）で「幕府侍土方義豊戦刀」、大きな字で「慶応二年八月日」、小さな字（追記）で「秋月君譲請高橋忠守帯之」とあります。だから、この刀は秀国が慶応二（一八六六）年に打ったもの。つまり秀国は水心子正秀の直弟子・秀国ではなく、その孫の秀国ということになりそうです。それから、その他の字は、この刀についての様々なデータを示していることになります。

義豊は土方の諱《いみな》です。この刀は土方歳三が戦いに使った刀です、ということ。次に秋月種明懇望帯之というのは、秋月種明、懇望してこれを帯《たい》す、と読ませたいのでしょう。であれば、細かな話になりますが、霊山歴史館が示している「土方が、上司である秋月に献じた」という解釈は違うでしょう。そうではなくて、秋月が「その刀を私にくれませんか」とお願いした、ということだと思います。

そもそも、秋月という人は誰かというと、江戸幕府の伝習隊の第一大隊長、秋月登之助《のぼりのすけ》がその人。伝習隊は幕府が陸軍（幕府歩兵）の最精鋭として編成した部隊です。ブリュネ大尉らフランス軍事顧問団の指導を受けた、西洋式の軍隊でした。

江戸城が開城した後、近藤勇と別れた土方は伝習隊の参謀として北上し、各地を転戦（たとえば宇都宮城を攻め落としている）しました。それでよく、隊長が秋月で参謀が土方、みたいに書いているものがあります。秋月が土方の上司、と解釈しているのです。でもこれはおかしいと私は思います。先ほどの刀のやりとり、秋月が土方に刀を譲ってほしいと願った、というのとあわせて、どう理解したらよいでしょうか。考えてみてください。

「肥前の熊」と会津の意外な縁

土方歳三が使っていた刀、大和守秀国がお披露目されました。刀を購入した京都の霊山歴史館は「土方が上司・秋月に献じた」と説明しているけれど、正しいのでしょうか。そこで幕府伝習隊の秋月登之助と土方歳三の関係、これをどう捉える？　という問題を前項で提起しておきました。戦闘する組織においては、上下関係がきわめて重要であることはいうまでもない。だから、よくよく考えてみましょう、ということですね。

秋月は隊長です。でも、あくまでも第一大隊の隊長なのです。伝習隊全体の隊長は大鳥圭介であって、秋月ではない。一方で、土方は伝習隊全体の参謀ですね。これは新選組一番隊の組長が沖田総司、参謀が伊東甲子太郎《かしたろう》という関係に等しい。だから、新選組で伊東が沖田（加えて、同じく組長だった永倉や原田ら）より上位だったように、土方が上司、秋月が部下だと僕は考えます。

前項でも書きましたが、刀にはA「秋月種明懇望帯之」、B「秋月君譲請高橋忠守帯之」とある。Aは、「秋月登之助がお願いして、（土方から）刀を頂戴し、これを帯

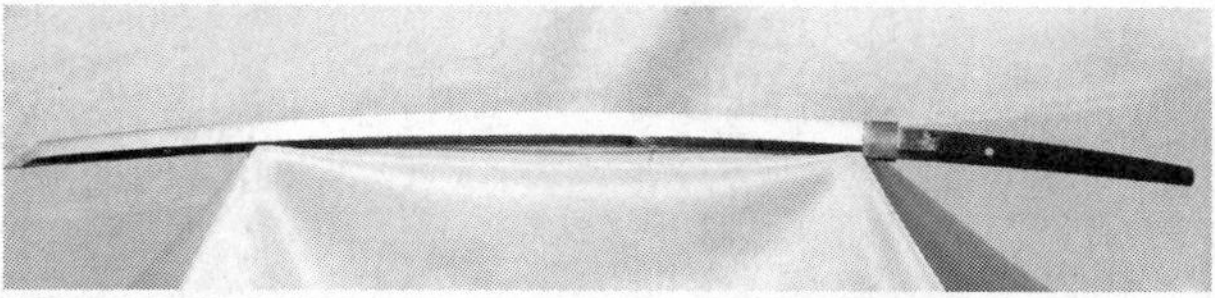

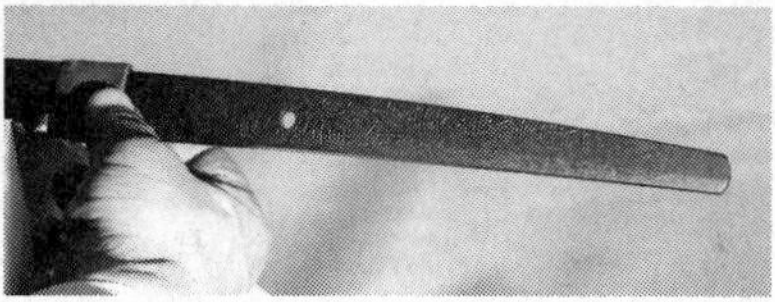

霊山歴史館が公開した新選組副長、土方歳三の愛刀・銘「大和守源秀國」㊤。刀の茎（なかご）には「幕府侍土方義豊戦刀」と記されている。

びた」。Ｂは中に点を打って「秋月君譲り請《う》く、高橋忠守これを帯ぶ」と読み、「この刀は土方から秋月君が譲り受けた。そして今は私、高橋忠守が帯びている」と解するべきかと思います。高橋という人は調べがつきませんでしたが、彼が追記の文字を彫り込んだ人なのでしょう。慶応二（一八六六）年に作られたこの刀は、「土方→秋月→高橋」と所有者が代わった、という見立てです。

　さて、秋月登之助は会津藩士。本姓は江上だそうです。秋月と江上、なんて全く関係なさそうですが、さにあらず。歴史を調べると、両者は密接な関係をもつことが分かる。時は源平の争乱まで遡《さかのぼ》ります。当時、九州の太宰府周辺に大蔵氏という名族がありました。大蔵は「源」とか「藤原」と同じ「姓《かばね》」です。その大蔵氏の嫡流が平家方として太宰府周辺を抑えていた「原田」。原田種直という武将の名前が史料にしばしば出てきます。そして「原田」から分かれた家が「秋月」と「江上」になるのです。

原田種直は平家に味方して滅びた。鎌倉幕府は、原田氏の太宰府での優越的な地位を継承させるべく、東国から武藤資頼という武士を派遣します。武藤氏はこののち代々太宰少弐《だざいのしょうに》の官職を得て、少弐氏を名乗るように。これが中世を通じて北九州で活躍した名族、少弐氏で、その第一の家来だったのが江上氏でした。ところが下克上の戦国時代、江上氏は肥前の戦国大名、龍造寺の軍門に下った。そのことによって少弐氏は滅亡し、江上氏は龍造寺家の重臣に。「肥前の熊」として有名な龍造寺隆信は次男を江上氏に養子に出しました。これが江上家種です。

龍造寺隆信は一時九州を席巻する勢いを示しましたが、天正十二（一五八四）年の沖田畷《おきたなわて》の戦いで島津家と戦い、戦死。このあと、同家中では重臣である鍋島直茂の勢力が優勢になり、ついに江戸時代になると、肥前の大名は鍋島、と認定されました。江上家種は反・直茂の立場だったようで龍造寺家を守ろうとしましたが、朝鮮出兵に際して釜山で戦死を遂げています。

江戸時代になって三十年ほどして、龍造寺季明《すえあき》（伯庵）という人物が幕府に対して何度も、肥前の国主は鍋島ではなく龍造寺である、と訴え出ました。今更そんなことを蒸し返されても。ほとほと困り果てた幕府は、会津の保科正之に季明を預ける処分を下しました。それで、龍造寺家はやがて会津・松平家の家臣になります。石高は三百石。立派な上級武士ですね。そしてそのときに、江上家も季明とともに会津に行って、会津藩士になったのです。

秋月登之助は九州からやってきた江上家の出身でした。それで彼の名には大蔵家に由来する「種」の字が用いられていて「種明」。ただ、彼の最期はよく分かっていません。会津領内の攻防戦で戦死したともいいますが、会津若松市の興徳寺にある江上家の墓所には、『秋月登之助　明治十八年一月六日　行年四十四才』と記されている。戦いを生き抜いたのかもしれません。ともかく、たいへんな人生だったのですね。

「花押」はいまだに現役!?

二〇一六年六月三日、最高裁判所第二小法廷（小貫芳信裁判長）は、「花押《かおう》は押印とは認めることができない」との初めての判断を示しました。

花押とは、歴史好きな方ならご存じでしょう、貴族や武士、時には庶民も使っていたサインのようなものです。ぼくが専門とする中世、すなわち鎌倉時代・室町時代には、ハンコはほとんど使われていません。ようやく戦国時代になって、大量の行政文書を出す必要から、戦国大名たちがハンコを用いるようになるのです。

各紙の報道によると、今回の判断が下された背景には、遺産をめぐる争いがありました。沖縄の名家の子孫である男性が、不動産などの財産を次男に継承させる旨の遺言書を作成しました。このとき、自らの署名の下部に押印するのでなく、花押を書いていたのです。次男は父の遺志に従って財産を相続すると主張しましたが、長男と三男はこの遺言書は無効である、と相続に異を唱えました。

これまでの一審と二審の判決は、男性が長く花押を使ってきたことや、花押が「認め印よりも偽造は困難」であるとして遺言は有効と認めていました。ところが今回、

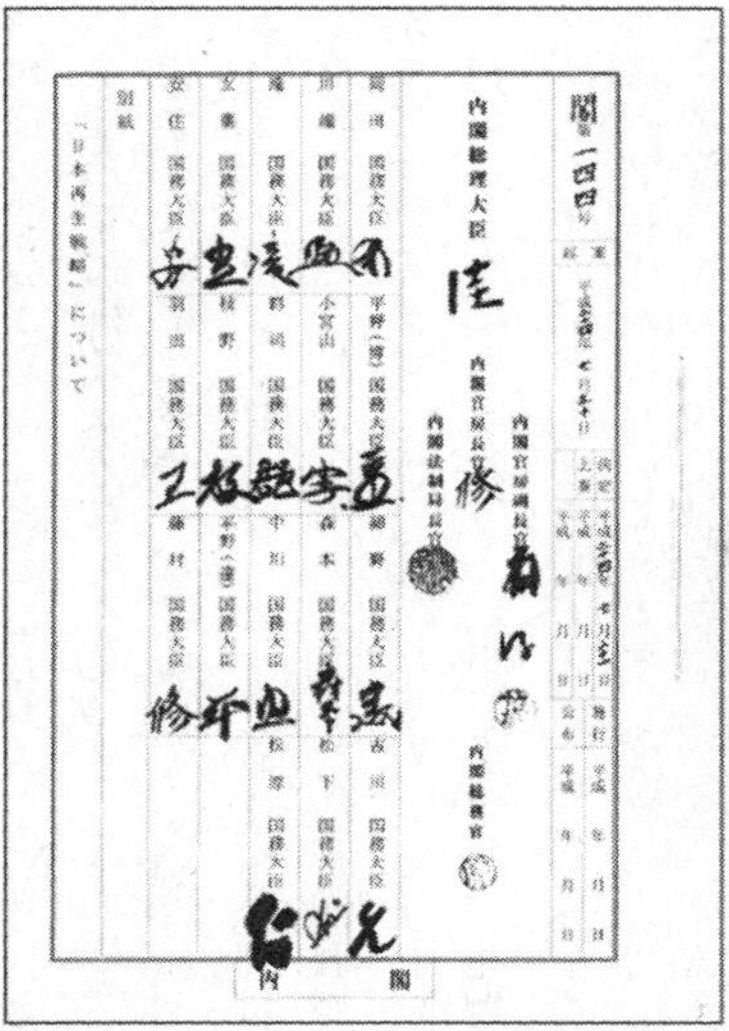

二〇一二年七月、野田佳彦内閣の閣議書
（内閣官房サイトより）

織田信長の花押

信長が使用した「天下布武」
の印

第二小法廷は、「重要な文書は署名、押印して完結させる慣行がわが国にはある」と述べ、花押は民法九六八条（本人自筆の遺言書には、ア自筆の署名、イ押印。この二つが必要だと規定している）の要件を満たさない、それゆえに遺言書は無効であると断じたというのです（朝日新聞の記事から）。

いや、しかしこれは、ツッコミどころの多い判決ですねー。同紙によると、大阪大学の松川正毅名誉教授（民法）は、「遺言のトラブルが増えるなかで、最高裁は、押印に関する緩和の流れには限界があることを示したのだろう」とおっしゃっているそうです。民法九六八条を厳格に守るようにしましょう、ということならばぼくも積極的に従いたいと思います。ぼくには遺《のこ》せる財産なんてないけれども、遺言を書くなら紛れがないように、自署してハンコを押そう、と。それについては全く異論はありません。けれど「重要な文書は署名、押印して完結させる慣行がわが国にはある」と裁判所が述べている点が気にかかります。その認識は果たして正しい？

何でこんなことを言うかと申しますと、花押が実は、いまだに使われているからです。それも、これ以上ないだろうという重要な場面で。お分かりになりますか？　それは、閣議決定において、です。閣議決定の際には、首相や大臣が筆で花押を書くことが慣例になっているのです。

現状はどうなのか、ぼくはよく知りませんが、少し前までの自民党には、当選回数にのっとった昇進コースというのがありました。当選何回くらいで、こういう役をやり、それを大過なくこなせると、次にさらに重い役が回ってくる。当選五、六回ぐらいになるとそろそろ大臣ポストが見えてくるという仕組みです。すると閣議に参加することになるので、議員さんは花押を作りはじめる。花押を作る＝大臣への就任を視野に入れる、ということなので、おお、あなたもそろそろ花押を作りましたか、などというセリフが妙に生臭いものになったのです。

議員さんが花押を作る際には「先生」と称される人が活躍して大金が動く、みたいな話も聞いたことがあるのですが、それはさておいて。日本の行政の大事な場面で花押が用いられ、ハンコは使われてない。でも司法においては花押はその人物を表すものとはみなせない、と判断される。この辺りに問題はないのでしょうか。次項であらためて考えましょう。

なお、最後にクイズです。歴代総理大臣はみな花押を持っており、安倍晋三首相にももちろん花押がある。安倍首相の花押は、日本史上のある人のものをモデルにしていますが、それは誰でしょう?

「重要文書にハンコ」実は非伝統的

さて、前項でふれた遺言書に書かれた花押の有効性をめぐる裁判では、判決文に「重要な文書は署名、押印して完結させる慣行がわが国にはある（傍点は筆者）」とあるそうです。

これがもし、「重要な文書は署名、押印して完結させる伝統がわが国にはある」となっていれば、「それは違う！」と突っ込まねばならない。署名して押印する、というのは、伝統ではありません。古くて明治時代からの行いです。閣議書の閣僚署名に花押を用いるのも明治から。このあたりを細かく詰めていくと面倒くさい話になりそうですが、ぼくは法学者ではないので、歴史的なことに限定してお話しします。

そもそも原則として、花押というものは、実名の代わりです。花押を用いる以前は、自分の名前をくずして、草書で書いていました。これは草名《そうみょう》といいます。次の段階で、この草名を記号化した。たとえば、源頼朝。頼朝と自筆署名する代わりに花押を書くのですが、彼は「頼」の字の左側、「束」と、「朝」の右側、「月」をくっつけて、くずして花押を作っている。こういう花押を「二合体」と呼ぶ（江戸時代の学者の命

源頼朝の花押（日本大百科全書より）

徳川家康の花押（同書より）

安倍首相の花押（首相官邸サイトより）

◆安倍首相の花押、元をたどると……

前項でクイズを出しましたが、安倍晋三首相の花押は基本的に徳川家康の花押と同じく「天地体」に属します。上の線と下の線、二本の横線があり、その中でごちゃごちゃっと線が書かれる。家康が用いたので、江戸時代にはやった。現代の政治家の花押はほとんどこの天地体。みんな家康を尊敬しているのか。それとも花押を実際に制作する先生が江戸時代以前の花押の傾向をよく知らないのか。どっちなんでしょうか？

名）のですが、見れば名前の代わりというのが実感できるでしょう。

もう一度申しますと、「花押は実名の代わり」。だから鎌倉時代の幕府の公文書には「実名プラス花押」という組み合わせはありません。執権の北条貞時が署判（署名し花押を書くこと）するときは、「相模守平朝臣（花押）」とか「相模守（花押）」であって、「北条貞時（花押）」はありません（なお、朝臣、というのは「あそん」と訓じる。かばねの一つです）。

ところが、花押がそもそも実名であることが、時とともに忘れられていく。すると「実名プラス花押」が次第に姿を現してくる。幕府の公文書での早い例は、室町幕府の奉行人連署奉書でしょうか。ただし、これは正式な「竪紙」（たてがみ。紙を折らずに使う）ではなく、紙を半分に折って使う「折紙」において。たとえば「光俊（花押）、盛秀（花押）」みたいな例が見られます。

それから戦国時代になると、印判が出てきます。印判はハンコの先輩と思ってください。これは花押の代わり。花押を書く代わりに、印判を押す。戦国大名の今川家、北条家、武田家などは早くから印判を使っています。戦国大名は領国を治めるために、いろいろな案件を処理しないといけない。文書もたくさん作成する必要がある。その一枚一枚に花押を書くと大変なので、印判ができてきた。

花押を書くのと、印判を押すのと、どちらが丁寧か、というと、これは花押を書く方。花押は必ず花押の主が書かなくてはならない。でも、印判は、たとえば近親者とか、側近とか、他の人が押すことも可能です。ですから、花押の方が丁寧であると認識されていた。

以上の解説から、もう理解していただけると思いますが、今回の判決にある「重要な文書は署名、押印して完結させる慣行がわが国にはある」という文章は、戦国時代にはあてはまりません。たとえば今川義元が武田晴信（信玄）に手紙を出したとしましょう。義元の官途《かんと》（官職名）は治部大輔《じぶのたいふ》、彼が使っていた印判は「如律令《にょりつりょう》」と書かれた朱印。「武田大膳大夫殿《だいぜんのだいぶ》へ。治部大輔（朱印・如律令）より」。こんなものが送られてきたら、晴信は怒ります。失礼なやつだな。ここは当然、「武田大膳大夫殿へ、治部大輔（花押）より」だろう、と。

印判よりも花押が丁寧。重要な文書は署名して花押。だから「重要な文書は署名、押印して完結させる慣行がわが国にはある」というのは中世にはあてはまらない。おそらく江戸時代でも同じでしょう。だからこそ、明治になっても閣議書に花押が持ち込まれたんだろうと思います。

慣行というのは、ここ数十年のことだ。そういう解釈ならば問題ありません。そこをぐだぐだいうのはフェアではない。でも、こうした機会を捉えて、花押というものの性格を知ることも無益ではないと思う次第です。

おおらかでたくましい武将の妻

戦国女性のたくましさ、おおらかさについて書いてみたいと思います。

戦国の身分の高い武家女性の肖像を見てみると、みんな立て膝しているか、ゆったりとしたスカートのような着物の下であぐらをかいている。脚がしびれる正座はしていないのですね。正座するようになるのは江戸時代で、この時代は儒学の影響が大きいのでしょう、「女三界に家なし」とか「子なきは去れ」なんて実にひどいことがいわれた。女性を過度に縛ることが行われたのです。

黒田藩に仕えた貝原益軒（一六三〇～一七一四年）は本草学者であり、歴史学者であり、儒学者。つまり最先端の教養人でした。彼には東軒《とうけん》という愛妻がいて、子供はできなかったけれど、夫婦相和し、二人だけの旅行を楽しんだりしていた。お墓だって仲良く並んで立っている。だから、益軒が女性を不当に下に見ていたなどということはありっこない。

ところが彼が著した『和俗童子訓』巻五「女子ニ教ユル法」が、享保年間（一七一六～三六年）に本屋さんによって通俗・簡略化され『女大学』として出版されてみる

◆ 熊本藩中興の祖、細川重賢

細川重賢(一七二一～八五年)。熊本藩六代藩主。莫大(ばくだい)な赤字に苦しんでいた藩の財政を立て直した名君と評される。蘭学に傾倒する蘭癖(らんぺき)大名の一人でもあった。彼の子の治年(はるとし)には嗣子がおらず、後継には宇土細川家から斉茲(なりしげ)が入った(模本、東京大学史料編纂所蔵)。

と、あれあれ、という内容になっていた。益軒には敬天思想に基づく人間平等観があり、それが原文の基調となっていましたが、『女大学』ではそうした要素はすべて捨てられました。その上で、一度嫁にいったら二夫にまみえぬこと、夫を天(絶対者)として服従すること等々、封建的、隷従的道徳が女性に強要されています。中身がまるで変わっているのです。これが堅苦しい近世の「時代の流れ」なのでしょう。

ところで、テレビ朝日の政治部デスクに細川隆三氏といういかす紳士がいて、彼は仲間内で「殿」のあだ名で呼ばれています。何となれば、彼は細川ガラシャさん、つまりは明智光秀の子孫だから。父君は政治記者・評論家の隆一郎氏。大叔父がやはり評論家の隆元氏。政治ジャーナリストの名門のご子息なのですね。

こう書くと、では本当の殿様の子孫、第七十九代総理大臣の細川護熙氏とはどういう関係になるのかな？　ということになります。確かに血はつながってはいるのですが、実は非常に遠い。肥後熊本の細川家は、途中からガラシャの夫である細川忠興と側室の間に生まれた立孝《たつたか》（宇土細川家三万石の祖）の子孫によって受け継がれているので、ガラシャさんの血が一滴も入っていないのです。

関ケ原の戦いに先立って、石田三成らは東軍方諸大名の家族を人質に取ろうとしました。その一環として兵が細川家を囲むと、ガラシャ夫人はこの要求を敢然とはねのけます。息子・忠隆の嫁である千世ほか女性たちを逃がし、自身は自害（キリスト教者は自害を許されないのでいろいろ問題があるのですが、大まかに見れば自害）して果てました。戦いの後、千世が義母を残して逃亡したことを知った忠興は激怒。息子の忠隆に、千世を離縁して実家の加賀・前田家に送り返すよう命じました。ところが、忠隆は離縁せず、嫁を守ろうとした。おお、夫の鑑《かがみ》！　結果、忠隆は勘当されて跡継ぎの座を追われ、京都で浪人暮らしをする羽目になったのです。

ここで興味深いのがお千世さん。江戸時代の女性なら、自分をかばってくれた忠隆に義理立てするところでしょうが、あなたといても将来性がないわね、とやがて自ら離縁を申し出、実家の金沢に帰ってしまいました。そして前田に仕える重臣の村井家に嫁いで、安穏に暮らしました。

忠隆にしてみれば、そりゃないよ、とグチりたくなるところ。でもまあ、しようがない。やむなく他の女性を後添えにもらい、二人の男子を得ます。このうちの一人が肥後細川家に家臣として仕え、細川（長岡）内膳家（禄高六千石）となるのですが、テレ朝の「殿」はこの家系の子孫なのですね。

歴史を動かした「美魔女」の力

中国の春秋時代に「夏姫《かき》」という女性がいました。学問の基本として中国史を学んでいた平安・鎌倉時代の貴族なら誰でも知っていたはずだし、現代でも、中国史に興味ある人ならよくご存じでしょう。冬姫《ふゆひめ》というと蒲生氏郷に嫁いだ織田信長のお姫さまですが、夏姫は「プリンセス・夏」の意ではありません。周王室は王様の姓が「姫《き》」。魯や曹や衛といった周王室の血を引く諸侯の姓も「姫」。その一つである鄭の穆公《ぼくこう》の娘で、隣の陳の重臣、夏御叔《かぎょしゅく》に嫁いだ。それで「夏・姫」なのです。

彼女については宮城谷昌光さんが直木賞受賞作となった『夏姫春秋』（文藝春秋）を書いていますが、すいません、ぼくはまだ読んでいません。ぼくが彼女を知ったのは、海音寺潮五郎さんの著作で、しかも『中国妖艶伝《ようえん》』（文春文庫）ではないのです。何という本だったかなあ……。

夏姫は抜群の美女だったらしい。国にいるときに異母兄と通じ、結婚してから夏徴舒《ちょうじょ》を産むのですが、夫の死後、陳の霊公、重臣の孔寧《こうねい》と儀行父、三人に通じました。ある日三人は「徴舒はお前たちによく似ている。どちらかの子ではないのか」

「いやいや、鼻の辺りはわが君そっくりで」などと軽口をたたいていた。これが徴舒に聞こえてしまったからたまらない。彼は反乱を起こして霊公を殺害してしまいます。

事情はともあれ、これは主殺し、許されない反逆です。大国・楚《そ》の荘王（春秋時代の五人の覇王の一人）はこの機に乗じて出兵。陳を滅ぼすとともに、夏徴舒を誅殺《ちゅうさつ》しました。夏姫は荘王の前に引き出されましたが、これが絶世の麗人。王も重臣の子反も側室にと望みますが、巫臣《ふしん》という人物が「この女性は不吉です」と諫言《かんげん》したため、やむなく老いた襄老《じょうろう》という人の妻としました。襄老がまもなく戦死すると、その息子の黒要が、彼女を妾《めかけ》にします。

◆三好政権の礎を築いた長基

三好長基（模本、東京大学史料編纂所蔵）。名は元長とも。長慶や実休の父である。この画は細川持隆が殺害された場所となった、見性寺に伝わる。同寺はいま勝瑞城本丸跡にある名刹（めいさつ）で、長基・実休・長治の墓もここにある。長基は京都周辺に大きな力を振るったが、一向一揆に攻められて堺で自害した。三十二歳。

ところがここで活動を開始したのが、先の巫臣。彼は夏姫に結婚を申し込み、ＯＫを取り付けると、ともにひそかに楚を脱出し、鄭へと逃れます。鄭の襄公から婚姻の許可を得て、二人は斉、そして晋に行った。夏姫は妊娠し、女児を出産した。めでたし、めでたし。という話なのですが、夏姫すごいですね。結構なトシのはずなのに、モテモテです。

でも、これに似た話が戦国時代にもあるのです！　あ、春秋・戦国の戦国ではなくて、日本の戦国時代ね。日本版・夏姫、その名は阿波の小少将《こしょうしょう》！　年齢の計算がしやすいように以下、年号は西暦で書きます。彼女は阿波の武士、岡本牧西《ぼくさい》の娘。守護である勝瑞《しょうずい》城主、細川持隆《もちたか》の目にとまり、愛妾《あいしょう》となって、一五三八年に真之《さねゆき》を産みました。この時、彼女の年齢をかりに十五歳としましょう。

当時、阿波の実力者だったのは、三好長慶《ながよし》の弟、実休《じっきゅう》（少し前までは義賢《よしかた》が名であるとしていましたが、最近は古文書にないとして否定されていて、法名を用いるようです）でした。持隆と実休ははじめ連携していたのですが、やがて対立するようになり（その経緯はいまだに不明）、五三年、実休は持隆を殺害します。時に小少将は三十歳。実休は真之を傀儡《かいらい》として擁立するとともに、小少将を妻に迎えました。二人の間には三好長治、叔父である一存《かずまさ》の跡を継いだ十河存保《そごうまさやす》など三人の男子が生まれました。

六二年、兄・長慶の右腕として三好家の権勢を支えていた実休は、河内の畠山高政らと和泉久米田寺（現在の大阪府岸和田市）で戦い、討ち死にしました。阿波三好家のあとは長治が継ぎ、篠原長房、その弟の自遁《じとん》らが補佐しました。このとき小少将は三十九歳ですが、阿波・木津城主だった篠原自遁の妻になりました。また、彼女と自遁は実休が健在なときから、関係をもっていた（「不倫」ですね）ともいいます。三十九歳は今であれば全く問題ないけれど、何しろ「人生五十年」のころの三十九歳です。やっぱり彼女は年齢不問の美女だったのでしょうね。

このあと、阿波では小少将の子、つまり異父兄弟である細川真之と三好長治が戦いを繰り広げます。七七年には、ついに真之が長治を滅ぼしてしまいます。小少将五十四歳。彼女はどんな思いでいたのでしょうか。とても興味深いのですが、その肉声や行動は分かっていません。また篠原自遁は土佐の長宗我部元親の攻撃を受けて阿波を逃走し、小少将は今度は元親の側室になった、との説もあります。確かに元親の側室に小少将を名乗る女性はいたようですが、さすがにこの人は、同名異人でしょう。まあそこは別人としても、小少将。波瀾《はらん》万丈の人生です。

三成ほど頭のいい人が、なぜ？

ぼくは「疑問をもつ」ことを大事にしています。それも、取って付けたような難解な疑問ではありません。みなさんが「言われてみれば、たしかにそれは問題だ。なんでだろう？」と思ってくださるような、ごく自然な疑問です。

たとえば、「権威と権力」。権威と権力は別物で、日本史の場合は将軍が権力を握っていた。けれども世俗的な力こそ失ったものの、天皇は最高の権威として君臨し続けていた。そんなことを結構多くの研究者がさらっと言う。格別、疑問に思っているふうはない。だけど、とぼくはそこでツッコミたい。それは「言葉の遊び」にすぎないのではないか。力のない権威なんてものが果たしてあり得るのか、と。権威を保持していたのなら、たとえ戦国時代といえど、やはり天皇は何らかの「力」を有していたのではないか。だったらそれは何なのだろう……、というふうにぼくの天皇理解は展開されるわけです。

さて、そこで本項のテーマ。ぼくがずっと疑問に思っていたこと。それは「なぜ石田三成は忖度《そんたく》をしなかったのか」です。三成は優秀な知能をもっていた人物だった。

これはたいていの人が賛同する認識でしょう。だからこそ、豊臣秀吉は、彼を政権の中枢に据えた。その三成が、いわゆる「武断派」の武将、加藤清正や福島正則らにものすごく憎まれた。慶長四（一五九九）年閏《うるう》三月三日、諸将の融和を図っていた前田利家が没すると、武断派は直ちに三成襲撃の挙に出るのです。

ご存じのように徳川家康が間に入ったので、三成は危機を脱したのですが、五奉行を罷免され、近江・佐和山に隠居することになりました。この事件、普通は朝鮮出兵で辛酸をなめた武断派と、豊臣政権の担い手であった文治派の対立、という図式で説

◆三成と京都・三玄院

石田三成は大徳寺内に三玄院を創建。彼の墓はここにあります。開祖は春屋宗園（しゅんおくそうえん）で、千利休と親交のあった、当時を代表する禅僧です。この絵はその春屋が賛を記したもので、像主は尼僧の久山昌隆（きゅうざんしょうりゅう）という人（模本、東京大学史料編纂所蔵）。近衛家のいわばお姫様で、「尼門跡（あまもんぜき）」と呼ばれた三時知恩寺（浄土宗）を再興しました。

明されます。でも、加藤や福島が狙ったのはあくまでも三成一人。他の五奉行メンバーは関係なし。どう見ても、「三成憎し」が昂《こう》じた激発です。武断派諸将にお咎《とが》めがなかった（「喧嘩《けんか》両成敗」の適用すらない）ことからも、家康は構造的な対立を内包する重大事件にしたくなかったし、周囲もそれで納得した。まあ、三成の失脚劇だ、というわけです。

それでぼくは不思議に思ったのです。三成ほど頭のいい人が、なぜ加藤や福島に「お疲れさん」と言えなかったのか、と。お前たちの苦労はよく分かるぞ。オレは補給でがんばってるけど、しょせんは矢弾が飛んでこない気楽な仕事だからな。まあ、これはほんの気持ちだけど、酒宴でも張って英気を養ってくれ……。そんな感じでこまめに声をかけたり差し入れをしたりすれば、加藤や福島だってあそこまで怒らなかったでしょう。

これは何も、わが身かわいさを目的としての行動じゃない。秀吉が衰弱しているさまを見れば、この専制君主が長くはもたないのは、当然分かるはず。秀吉が亡くなれば、後継者は幼い秀頼です。豊臣政権を引き続き運営していくのに、武断派諸将、とくに秀吉子飼いである加藤や福島の協力はますます必要になる。だったら、彼らの忠誠心をがっちりとつなぎ留めるためにも、彼らへのサービスは当然必要だった。それは三成は十分に分かっているはずなのに、なぜ実行に移さなかったのか。

うん、そうかもしれないな、という仮説を教えてくださったのは、脳科学者の中野信子先生でした。中野先生は「三成はもしかしたら、アスペルガーだったかもしれない」と診断するのです。アスペルガーの人はゲシュタルト知覚（ものごとを全体の枠組みで理解する知覚）に乏しい。文脈を理解できない。空気を読まない。こういう場面ではこういうことを言ってはいけない、が分からない。それは頭の良さとは無関係。だから、秀吉の命令には忠実なのに、加藤や福島に「お前たちはバカだなあ」と平気で言いそうな彼がアスペルガーだったとしたら、全てがよく説明できる。

なるほど。ぼくが子供の頃は、小学校では全体行動が重んじられていました。当然、給食は「残さず食べる」。でも今は、給食は「嫌いなら残してOK」。子供一人一人の個性が大事にされる。「みんな違って、みんな良い」が共通認識になったのです。

戦国武将も同じことです。彼らはいろいろな精神をもっている。それが彼らの行動を決定していく。この科学的な考察は実に重要です。

鎌倉初期にいた三成の〝先輩〟

前項で、石田三成はアスペルガーだったかもしれない、と書きました。彼ほど有能な人物が、なぜ加藤清正、福島正則といった連中をうまく転がせなかったのか。うわべだけでも友達づきあいができなかったのか。それは三成がアスペルガーで、頭脳は明晰《めいせき》なのだけれども、「忖度《そんたく》する」ことのできない人間だったからと推察できる、と指摘したのです。

この考えを教えてくださったのは、脳科学者の中野信子先生。脳科学はまさに「科学」であって、理科的な実験に基づいています。人間の体内で分泌されるこういう物質が平均よりこれくらい少ない人が何%存在し、その場合、彼や彼女は通常とは異なった、こんな振る舞いをすることがある。

……うーん、これは説得力がありますね。文学などが「鋭い人間観察」として、つまり感性を磨いて解釈してきた（広く取れば国語の領域）ことを、数字や理性に基づいて（つまりは数学の領域）明らかにする。理系コンプレックスのぼくには、まったく反論ができない（苦笑）。この中野先生の明快な分析は、先生とぼくの共著『戦国武将の精神分析』（宝島社新書）に詳しく記されています。
いや、だけれども、なのです。ここでぼくは、梶原景時を思い出したい。景時といえば「告げ口屋」。讒言《ざんげん》しまくって源義経を失脚に追い込んだ大悪人、ということになっている。けれど、それは室町時代に成立した『義経記』が示した「義経＝善、景時＝悪」という単純な定義に立脚した評価にすぎません。それに安易に乗っかって義経や景時を論じた黒板勝美や上横手雅敬氏ら戦前戦後の歴史家の「鋭い人間観察」眼は、どうなってるんだろーなー、と不思議に思います。

◆「狐ケ崎」を受け継いだ吉川元春

吉川家は藤原南家の子孫と称し、駿河国入江荘吉川（静岡市清水区）を名字の地とする。鎌倉幕府の御家人となり、鎌倉時代末期に本拠を安芸国大朝荘（広島県北広島町）に移した。以後、安芸国の国人として栄えるも、毛利元就の次男である元春（一五三〇～八六年。模本、東京大学史料編纂所蔵）を養子に迎え、鎌倉時代以来の藤原姓本流の血は絶えた。

　建久十（一一九九）年に源頼朝が没したすぐあと。頼朝を慕う結城朝光（頼朝の寵臣《ちょうしん》。そういう関係、の説が濃厚）は「忠臣は二君に仕えずという。故将軍が亡くなったときに世を捨てようと思ったが、ご遺言によりかなわなかったことが今となっては残念である」と嘆きました。この言葉を聞いた景時は二代将軍頼家に報告。すると今度は、この顚末《てんまつ》を知った阿波局という女性が朝光に「景時どのにチクられたわよ〜。あなた、『オレは仕えるに足りぬと申すかっ！』って激怒する頼家さまに殺されちゃうかもね」と脅しをかけます。

え！　なんで？　とビックリしたのは朝光。でも、たしかに浅はかな頼家さまならあり得るかも、と考えた彼は、それならいっそオレが先手を打って景時を弾劾しよう、と告訴状を作り始めます。そうしたら聞きつけた有力御家人たちが「オレも交ぜろ」「ワシもヤツが嫌いじゃ」と次々に同心し、なんと六十六人もの名前が連なる告訴状が完成。これを突きつけられた頼家は、やむなく「第一の郎党」と信頼する景時を追放することになるのです。

このあと小さな動きはあるのですが、結局翌正治二（一二〇〇）年の正月、景時は一族を率いて京都を目指しました。幕府がダメなら朝廷があるさ。後鳥羽上皇に仕えようとしたのです。ところが途中、駿河国清見関《きよみがせき》に偶然居合わせた吉川友兼ら駿河の武士たちと戦闘になり、同国狐《きつね》ケ崎で梶原一族はみな討ち死に。このとき友兼が用いた刀が、吉川家に受け継がれた国宝「狐ケ崎」です。

まあ、やる気満々の武士が要衝の地に「偶然」居合わせるわけは、ありませんね。駿河国の守護（在地の武士に指令を飛ばせる人）は北条時政。事件の発端となった阿波局は彼の娘で、三代将軍実朝の乳母。となると、景時失脚一件の黒幕は頼家の腹心を始末したい時政では？　と疑えるわけですが、今はそこではない。景時の悲惨な状況は、加藤や福島ら諸将の激しい怒りをぶつけられた三成にそっくりである、という点を指摘したいのです。

では景時と三成は二人ともアスペルガーだったか、というと、そんな偶然はないだろう、とほとんどの人は考えると思います。すると、二人のどちらかは、あるいは二人ともに、アスペルガーとかではなくて、頼朝なり豊臣秀吉なりの絶対的な権力に守られて傲慢になったのか、もしくはそうした巨大な権力の存立のためにあえて憎まれ役を演じたのか。ともかく、こうした一見不可解な行動を分析する局面こそ、歴史学者にとって「鋭い人間観察」が必要になる場面ではないか。いや、歴史的人間の理解は実に難しいですね。

「信長は普通の戦国武将」説は妥当か

財務省の事務次官が取材に来た女性記者に「触っていい?」と尋ねたことが、二〇一八年、セクハラだ、と大ニュースになりました。福田淳一さんという方でしたよね。ぼくは彼と大して年が違わないので、複雑な思いがあります。本書はそれを書く場ではないので自粛しますが、まあいろいろ考えたのです。それでヘンな話ですが、その過程で織田信長の比叡山焼き打ちを想起しました。

いま比叡山を訪ねると、長い歴史や規模のわりに国宝や重文クラスの建造物や仏像はほとんどない。膨大に蓄積されていたはずの古いお経や古文書もない。なぜかというと、信長が焼いてしまったから。中世ではお寺が兵乱や火災に見舞われることがしばしばあり、そうした場合にお坊さんたちは仏様や経典をともかく退避させる。だから京都に美しい仏像がある。その観念がありながら何もできなかったのですから、信長の破壊の徹底ぶりがうかがえます。

比叡山は日本仏教の事実上の総本山です。それを丸ごと焼いてしまった。善悪はおくとして、絶対に普通じゃない。それなのに、信長は神仏を軽んじていたわけではない（重んじた、とは言わないところがミソ）、と説く研究者がいるのであきれます。

それから、信長はちゃんと「手続きを順守」（左の方は手続きが大好き）しているので彼の行為はよく理解できる、という研究者がいる。信長は比叡山に対し「浅井・朝倉ではなく織田の味方をしろ」→「ノー」、「じゃあ、せめて中立を守れ」→「ノー！」、「そんな無礼な態度を取るのなら焼いちゃうぞ」→「できるものならやってみろ！」、「ホントにやるぞ」→「だから、やってみろ！」、「いいんだな」→「来るなら来い！」、「よろしい、ならば戦争だ」。つまり攻撃するに際して順を踏んでいるのだ、と。

いや、この理屈って、福田事務次官と変わりませんよね。聞けばいい、ってものではないように、順を踏めば何をやってもいい、ってもの

◆「天下統一」の拠点、岐阜城

岐阜城は信長が長く本拠とした城である。立派な石垣が積まれていて、大きな館が営まれていたらしい。そこでは公家や豪商や宣教師が接待を受けていて、地元ではその時のごちそうなども復元されている。ただし信長の時期には天守閣はまだなく、写真の天守は加納城のものをベースに再建されたもの。

でもない。触る前にいちいち確認してもセクハラはセクハラだし、手順を尽くしても大量破壊は大量破壊です。

ぼくの持論ですが、日本の歴史は世界に比べると穏やかで（あくまでも世界に比べて、ですが）、特定の権力者による虐殺がない。中国では焚書坑儒《ふんしょこうじゅ》があったり、「禿《はげ》」という字を使っただけで死刑なんて信じられないようなことが起こる（文字の獄）。ヨーロッパではキリスト教がらみで山ほど人が死ぬ。キリスト教については日本でも島原の乱などいたましい犠牲者が出るわけですが、特定の歴史上の人物が大虐殺を行った、ということはありません。

その唯一の例外が信長です。彼は伊勢長島で一向宗の門徒二万人を殺害した。越前では同じく門徒一万二千人を殺した。当時の人口は現在のおよそ一割ですから、僕らの感覚にすると二十万人、十二万人を一時に殺し尽くした、という感じです。恐ろしすぎる。ちなみに比叡山攻めの時も四千人が犠牲になったといいます。

やっぱり信長は、くり返しますが「善悪はおくとして」、普通ではない。彼を三好長慶と並べてみたり、一人の戦国武将にすぎないと評価したりする研究者が多くなってきていますが、それは「木を見て森を見ない」ことにならないかな。

脳科学者の中野信子先生は、信長はサイコパスだったんじゃないか、と分析します

（『戦国武将の精神分析』）。人の痛みが分からない。だから平気で人を殺せる、と。う
ん、そうか。

信長がサイコパスだとすると、多くのことが理解できます。ただ一点、「美」につ
いて。ここだけがひっかかります。というのは、サイコパスは美しさに無頓着なのだ
そうです。けれど信長は茶の湯を好み、「新しい城」を創造した。これは美の追究で
はないのかな。

この点を中野先生に率直に尋ねたところ、彼ほどの権力者になれば、行動の動機は
「好きだからやる」というような単純なものではなくなってくる。茶の湯を好む、城
を造ることが生じるメリットを信長が計算していたとは考えられないか。きわめて計
算高いというのもサイコパスの特徴だ、というお答えでした。

なるほど、それもあるか。歴史上の人物の感情や志向を立証するのは困難だ、とは
ぼくが常々主張していることでもあります。この問題については、これからもよく考
えてみたいと思います。

本書は、産経新聞に連載中の「本郷和人の日本史ナナメ読み」のうち、前著『戦国武将の選択』（産経ＮＦ文庫）収録分以降の２０１５年7月20日～18年5月10日掲載分を加筆、再構成したものです。
単行本　令和元年七月　「怪しい戦国史」改題　産経新聞出版刊

装　幀　伏見さつき
ＤＴＰ　佐藤敦子

産経NF文庫

新知見の戦国史

二〇二四年一月二十二日　第一刷発行
著　者　本郷和人
発行者　赤堀正卓
発行・発売　株式会社　潮書房光人新社
〒100-8077　東京都千代田区大手町一-七-二
電話／〇三-六二八一-九八九一(代)
印刷・製本　中央精版印刷株式会社
定価はカバーに表示してあります
乱丁・落丁のものはお取りかえ致します。本文は中性紙を使用
ISBN978-4-7698-7067-8　C0195
http://www.kojinsha.co.jp

産経NF文庫の既刊本

戦国武将の選択

本郷和人

確実な史料を第一にしながらも、あえて「面白さ」を歴史に求めようと思うのです――あの兵力差で信長は本当に桶狭間を戦かったのか？　やわらかな語り口で最新研究を紹介しながら、通説にも疑問符！　歴史家による実情の読み解きで、真実の日本史が見えてくる。

定価902円（税込）　ISBN 978-4-7698-7034-0

李登輝秘録

河崎眞澄

正々堂々、中国共産党と渡り合った男――本人や関係者の証言、新たに発掘した資料などから知られざる「史実」を掘り起こす。大正から令和へと生き抜いた軌跡をたどり、その生涯を通じて台湾と日本を考えることで、中国や米国などを含む地域の近現代史を浮き彫りにする。

定価1150円（税込）　ISBN 978-4-7698-7064-7

産経NF文庫の既刊本

神武天皇はたしかに存在した
神話と伝承を訪ねて
産経新聞取材班

（神武東征という）長旅があって初めて、天照大御神の孫のニニギノミコトを地上界での祖とする皇室は大和に至り、天皇と名乗って「天の下治らしめしき」ことができたのである。東征は、皇室制度のある現代日本を生んだ偉業、そう言っても過言ではない。（序章より）

定価891円（税込）　ISBN 978-4-7698-7008-1

国民の神話
日本人の源流を訪ねて
産経新聞社

乱暴者だったり、色恋に夢中になったりと、実に人間味豊かな神様たちが多く登場し、躍動します。感受性豊かな祖先が築き上げた素晴らしい日本を、もっともっと好きになる一冊です。日本人であることを楽しく、誇らしく思わせてくれるもの、それが神話です！

定価902円（税込）　ISBN 978-4-7698-7004-3

産経NF文庫の既刊本

台湾を築いた明治の日本人　渡辺利夫

なぜ日本人は台湾に心惹かれるのか。「蓬莱米」を開発した磯永吉、東洋一のダムを築いた八田與一、統治を進めた児玉源太郎、後藤新平……。国家のため、台湾住民のため、己の仕事を貫いたサムライたち。アジアに造詣の深い開発経済学者が放つ明治のリーダーたちの群像劇！

定価902円（税込）ISBN 978-4-7698-7041-8

「賊軍」列伝　明治を支えた男たち　星　亮一

一夜にして「逆賊」となった幕府方の人々。戊辰戦争と薩長政府の理不尽な仕打ちに辛酸をなめながら、なお志を失わず新国家建設に身命を賭した男たち。盛岡の原敬、水沢の後藤新平、幕臣の渋沢栄一、会津の山川健次郎……。各界で足跡を残した誇り高き敗者たちの生涯。

定価869円（税込）ISBN 978-4-7698-7043-2

産経NF文庫の既刊本

我々はポツダム宣言受諾を拒否する
上野・厚木・満州の反乱

岡村　青

陸軍水戸教導航空通信師団、海軍第三〇二航空隊、満州国務院総務庁――ポツダム宣言受諾をよしとせず、徹底抗戦を唱えた人々。事件の発生から収束にいたるまでの経緯およびその背景とは。反乱事件に直接加わり、渦中にいて事件をつぶさに知る体験者の証言をもとに描く。

定価980円（税込）　ISBN 978-4-7698-7062-3

世界史の中の満州国

岡村　青

はたして満州は中国政府の主張するような、日本に捏造された「偽満州」であったのだろうか。本書はこの疑問をもとに、「侵略」「植民地」「傀儡」、これらの三つのキーワードで満州の実相、ありのままの姿を歴史的事実にもとづいて解き明かす、分かりやすい「満洲国」。

定価980円（税込）　ISBN 978-4-7698-7055-5

産経NF文庫の既刊本

封印された「日本軍戦勝史」①②
井上和彦

日本軍はこんなに強かった！快進撃を続けた緒戦や守勢に回った南方での攻防戦など、第二次大戦で敢闘した日本軍将兵の姿を描く。彼らの肉声と当時の心境、敵が見た日本軍の戦いぶり、感動秘話などを交え、戦場の実態を伝える。

①定価902円（税込）　ISBN 978-4-7698-7037-1
②定価902円（税込）　ISBN 978-4-7698-7038-8

「美しい日本」パラオ
井上和彦

なぜパラオは世界一の親日国なのか——日本人が忘れたものを取り戻せ！　太平洋戦争でペリリュー島、アンガウル島を中心に日米両軍の攻防戦の舞台となったパラオ。圧倒的劣勢にもかかわらず、勇猛果敢に戦い、パラオ人の心を動かした日本軍の真実の姿を明かす。

定価891円（税込）　ISBN 978-4-7698-7036-4

産経NF文庫の既刊本

日本が戦ってくれて感謝しています2
あの戦争で日本人が尊敬された理由
井上和彦

第1次大戦、戦勝100年「マルタ」における日英同盟を序章に、読者から要望が押し寄せたインドネシア――あの戦争の大義そのものを3章にわたって収録。日本人は、なぜ熱狂的に迎えられたか。歴史認識を辿る旅の完結編。15万部突破ベストセラー文庫化第2弾。

定価902円(税込)　ISBN 978-4-7698-7002-9

日本が戦ってくれて感謝しています
アジアが賞賛する日本とあの戦争
井上和彦

インド、マレーシア、フィリピン、パラオ、台湾……日本軍は、私たちの祖先は激戦の中で何を残したか。金田一春彦氏が生前に感激して絶賛した「歴史認識」を辿る旅――涙が止まらない! 感涙の声が続々と寄せられた15万部突破のベストセラーがついに文庫化。

定価946円(税込)　ISBN 978-4-7698-7001-2